「移民」で読み解く世界史

A world history interpreted in terms of ethnic movements

河合塾世界史講師
神野正史
Masafumi Jinno

イースト・プレス

まえがき

昨今、相撲界が大揺れに揺れています。

ちょうど朝青龍がモンゴル人として初めて横綱になったころからつぎつぎと不祥事や問題が起こるようになり、ついこの間まで大人気を誇った角界が、今や協会解体が叫ばれるほどの批判を浴びています。

もっとも不祥事自体は今に始まったわけではありませんので、それより筆者が気になるのが「横綱の品格問題」です。

横綱ともあろう者が「猫だまし」のような姑息な技で白星をもぎ取る。

横綱ともあろう者がエルボーをかます、相手を威嚇する、土俵を割った相手を突き落とす。

果ては、勝てばガッツポーズ、負けたら不服な表情を隠さず、自ら〝物言い〟。

こうした態度は日本人なら誰もが眉をひそめる行動ですが、こんな事態に陥ったのは朝青龍や白鵬などモンゴル人横綱のせい、というわけでもありません。

善悪や正邪ではなく、単に彼らが「相撲」というものをまったく理解できていないために起こる齟齬《そご》にすぎないのです。

柔道・空手道・剣道・弓道・茶道・華道…。

日本固有の文化・価値観・歴史・伝統の中で育まれたものにはすべてに「道《どう》」の精神が貫か

れており、もちろん相撲も例外ではありません。

しかしこの「道」という概念は外国には存在しないため、外国人は自分の知っている概念《カテゴリ》に当てはめようとします。

それが「スポーツ」です。

スポーツなら「勝敗結果」に重点を置くため、横綱が猫だましをしようが、相手を威嚇しようが、ガッツポーズを取ろうが、ルールに違反していないかぎり何の問題もありません。

したがって、彼らの心の中には「勝つためだ！　何が悪い⁉」という気持ちが渦巻き、どんなに批判を受けようがそこに反省など生まれないのです。

しかし、相撲は断じてスポーツではありません。

「道」は勝敗など二の次、平素の鍛錬を通じて「精神修養」「人格形成」を目指すものであり、敗者にも敬意を払い、これを辱める行為（ガッツポーズなど）は以《もっ》ての外《ほか》、よく言われる「心・技・体」はお題目ではありません。

したがって横綱は、そうした理念の頂点に君臨する立場であるため、その理想的体現者でなければなりません。

姑息な手を使わず、相手の攻撃を堂々正面から受け、その上でこれをねじ伏せる。

これを「横綱相撲」と言います。

圧倒的力の差を見せつけて勝って当然、小賢しく立ち回り、それで勝ってガッツポーズ、負けて憮然など、お話にもなりません。

横綱ともあろう者がそんな汚い手を使わなければ勝てないようなら引退しろ、というのが「相撲」です。

しかし、こうした日本特有の崇高な理念をモンゴル人が理解できないのは仕方なく、彼らを責めるのは酷ともいえます。

では、こたびの問題について敢《あ》えて「どこで間違えた？」と問われれば、そもそも角界に外国人を入れた相撲協会の失態ということになります。

「道」を護りたいと思うなら外国人を角界に入れてはなりませんでしたし、入れるなら「道」が踏みにじられることを覚悟の上でなければなりません。

「道」は護りたいが外国人力士は入れたい、では〝子供の駄々〟にすぎませんが、協会はそうした自覚がまったくなかったようです。

由是観之《これによりてこれをみるに》。

たかが「角界」という狭い社会にわずかな数のモンゴル人が入ってきただけで、価値観の違いからこれだけの不快な問題をつぎつぎと起こし、協会解体が叫ばれるほどの危機に陥れる破壊力を持ちます。

ましてや、ひとつの国家の中に大量の異民族が入ってきたらどうなるか。

明治以来、爆発的に人口を増やしてきた日本も、21世紀に入ってついに減少に転じはじめましたが、これを識者・マスコミが煽《あお》ること、煽ること。

――このままでは2050年には1億人を割り、100年後には現在の3分の1になる！

――労働環境が！　経済が！　社会保障が！

彼らは「如何にして出生率を増やすか」を議論し、つぎに「もはや労働者として移民を受け容《い》れるより他に術《すべ》なし！」などと、浅慮かつ短絡的な書生論を叫ぶ。

彼らは、戦前さかんに「開戦！」を叫んだ人たちに似ています。

大マジメに「日本のため！」を思って叫んでいるのでしょうが、現実には日本を破滅へと追い込んでいる自覚がありません。

敗戦からなら立ち直ることができますが、ひとたび移民を受け容れてしまったら、二度と未来永劫〝古き佳《よ》き日本〟に立ち戻ることはできなくなります。

目先の小さな問題に目を奪われて、〝祖国と民族を永久に抹殺する蛮行〟を堂々と主張する輩《やから》がわらわら現れるのは、偏《ひとえ》に彼らが歴史に疎いからです。

歴史を学べば、移民は例外なく〝災い〟しかもたらさないことを理解できるようになります。

こうした〝亡国論者〟の書生論を真に受けないためにも、我々はもう少し真摯に移民の歴史について学ぶ必要があります。

ただし、ひとことに「移民」といってもいろいろな形態があり、もっとも狭義では、「近代以降における主権国家間を越えた一定の集団的移住」を指しますが、「近代以降の移住」だけを見たのでは、その本質を理解することはできません。

したがって本書では、もっと広く意味を取り、古代以来の様々な形態の移住、すなわち——

「民族移動」（migration）…自らの意志で民族規模で移住
「植民」（colonization）…自国政府の意向で国民の一部が移住
「強制移住」（forced emigration）…外国政府の意向で国民の一部が移住
「難民」（refugee）…自国の混乱から逃れるため他国へ移住

…なども含めた総体的な「移民」を論じていくことにいたします。

２０１９年５月

「移民」で読み解く世界史　もくじ

第1章 古代の幕開け

原始から古代の幕開けは「移民」により始まった！

第2章 騎馬民族の猛威

騎馬民族が現れたことで世界史は新しい段階に入った！

第3章 古代から中世へ

古代の幕引きと中世の幕開けも「移民」とともに始まった！

第4章

近世の夜明け

14世紀以降、中世的な要素が一斉に消えていったその背景には…

第5章

そして、現代へ…

現在、リアルタイムで移民問題で悶絶する国々。

第6章 日本の置かれた現状
我々は歴史から何を学び、どう行動すればよいか。

第1章 古代の幕開け

原始から古代の幕開けは〝移民〟により始まった！

有史は〝移民〟とともに始まった！
移民は社会を混乱させるが、歴史を次へと進める。

最古の文明を築いたシュメール人の末裔

我々日本人は四方を海に囲まれた島国の住民であることもあってあまり意識しませんが、人類の歴史は「移民」とともに始まり、「移民」とともにその居住地を広げ、「移民」が混乱・騒乱・動乱を生み、それが歴史を動かして現在に至っています。

現在、我々の目の前に広がる世界は、「移民」の繰り返しで形成されてきたのですから、その理解なくして、現代の社会も政治も文化も理解できません。

そこで本書では、この「移民（民族移動）」に視点を置いて歴史を俯瞰することで、現代を知り、今の日本の置かれた現状を理解し、未来を推し量ろうと試みるものです。

世界史の教科書を紐解《ひもと》けば、人類史上初めて文明を築きあげた民族として最初に「シュメール人」から学びますから、世界史にあまり詳しくない方も、その名前くらいは聞いたことがあると思います。

しかし、それほど有名でありながら、じつのところ彼らについてはほとんどわかっていません。

シュメール人は気づいたときにはすでにメソポタミア南部（現イラク南部）におり、気づいたときには歴史から姿を消していました。

どこからやってきた民族なのか、また、周辺諸民族が石器段階なのにどうして彼らだけが突如として高度文明を築きあげることができたのかもよくわかっておらず、民族系統も定かでなければ、その後、どこに消えていったのかも判然としません。

言語系統は、このあたりに住むセム系諸族の言語（屈折語）とはまったく異なる言語体系（膠着語）を持っていた［＊01］ことがわかっているくらいで、「シュメール」というのは他称で、自らは「黒頭《ウンサンギガ》（黒髪？）」と称し、『創世記』では〝東からやってきた人々〟と呼ばれていることから「モンゴロイドでは？」と推測される程度です。

このシュメール文明が周辺諸民族の羨望と触発を促し、おそらくは周辺民族の移民と侵寇を

［＊01］言葉は大きく分けて「孤立語」「膠着語」「屈折語」に分かれ、日本語などの「膠着語」は、動詞等が語幹を残して活用して意味を変えることができる言葉（たとえば「愛さない」「愛して」「愛す」「愛せば」「愛せ」といった具合）。これに対して、中国語などの「孤立語」は動詞等の活用はなく、ヨーロッパ諸語などの「屈折語」は主語や格によって語幹と接尾語が分割不可能な形で変化（I・my・me・mine など）します。また「膠着語」は助詞を付けて格を表すため語順を変えても意味が通じますが、「孤立語」「屈折語」は助詞がないため語順を変えたら意味が通じません。

受けて、混血を繰り返した結果、民族としての特性を失って消えていったのだろうと思われています。

移民の法則①
人類文明の黎明・シュメール文明は移民によって生まれ、移民によって亡ぼされた。以降現在に至るまで、人類の歴史は移民の連続によって編まれていく。

一説には、国は亡びたものの民族を失うことなく、ふたたび故郷の方角〝東〟に向かって移民していったため、オリエントから忽然《こつぜん》と姿を消したのだ、とも言われています。

東へ東へと向かっていった彼らの一部は、ついに東の果ての島国にたどりついてここを安住の地とし、それが日本人となったのだ——等々。

もちろんこれは「俗説[＊02]」の閾《いき》を出ないものですが、移民をたどると想像が拡がる一例ではあります。

「古代」を生んだ民族移動

それではもう少し踏み込んで、「移民」がどのようにして人類の歴史に影響を与えていくのかについて、より具体的に見ていくことにいたしましょう。

人類の歴史を紐解くと、それ以前とそれ以降では時代ががらりと変わってしまう歴史の転換《ターニングポイント》期がいくつも見つかりますが、そこにはかならずと言っていいほど「移民（民族移動）」が伴っています。

紀元前4千年紀［＊03］は、人類史がいよいよ「先史」から歴史時代へと突入し、「古代」の幕開けとなる転換《ターニングポイント》期ですが、このときにもその裏では大規模な民族移動が起こっていました。アラビア半島にいたセム系遊牧民が一斉に北上しはじめ、所謂《いわゆる》〝肥沃《ファータイル》な三日月《クレセント》地帯［＊04］〟に拡がっていったのです。

［＊02］シュメール王家の紋（十六葉花紋）は天皇家の家紋「十六菊花紋」と瓜二つだとか、天皇は昔「スメラミコト（シュメールの尊）」と呼ばれていたとか、三種の神器が「鏡」「月像の首飾り（勾玉）」「剣」であることとか、言語形態がおなじ膠着語であるとか、他にも様々な共通点を挙げていますが、少なからず確証バイアスがかかっている感は否めません。

［＊03］紀元前4000～3001年までの1000年間。よく「4000年紀」と表記されていることがありますが誤り。「千年紀（ミレニアム）」でひと塊の単位の名称なので「4千年紀」と表記するのが正しい。

［＊04］メソポタミア・シリア・パレスチナ地方。アメリカ人のオリエント史家J・ブレステッドは、このころセム系が移住した地域を「肥沃な三日月地帯（ファータイル・クレセント）」と名付けました。元々「エジプトを含めない」概念でしたが、後世の史家によって「含める」ようになってきています。本書では本来の意味に忠実に、エジプトを含めない概念として使用しています。

では、なぜセム系はこの時期に突如として民族移動を始めたのでしょうか。

歴史学者はその答えを見出すことができず、長い間〝謎〟でしたが、それは歴史学から離れた古気候学の発展によって徐々に明らかになってきました。

じつはちょうどこのころ、西アジア一帯には気候変動が起こり、アラビア半島を乾燥化が襲い、イラクからシリアにかけては湿潤化していたことがわかってきたのです［＊05］。

そのため、急速に砂漠化が進行するアラビア半島から逃げ出すように、彼らは北の〝肥沃な《ファータイル》三日月地帯《クレセント》〟へと民族移動を起こしていたのでした。

もちろん〝肥沃な《ファータイル》三日月地帯《クレセント》〟には先住の民がいましたが、そこに大量のセム系移民が押し寄せたのですから、先住民の文化は破壊され、混血が進み、やがて地区単位で均質化されて新しい民族が形成されていきます。

移民の法則②

移民はかならず移住先の文化・社会・国家・民族を破壊するため、大規模な移民は〝時代そのもの〟を破壊してしまう。

それがアッカド人・アッシリア人・アムル人・フェニキア人・カナン人、そしてヘブライ人

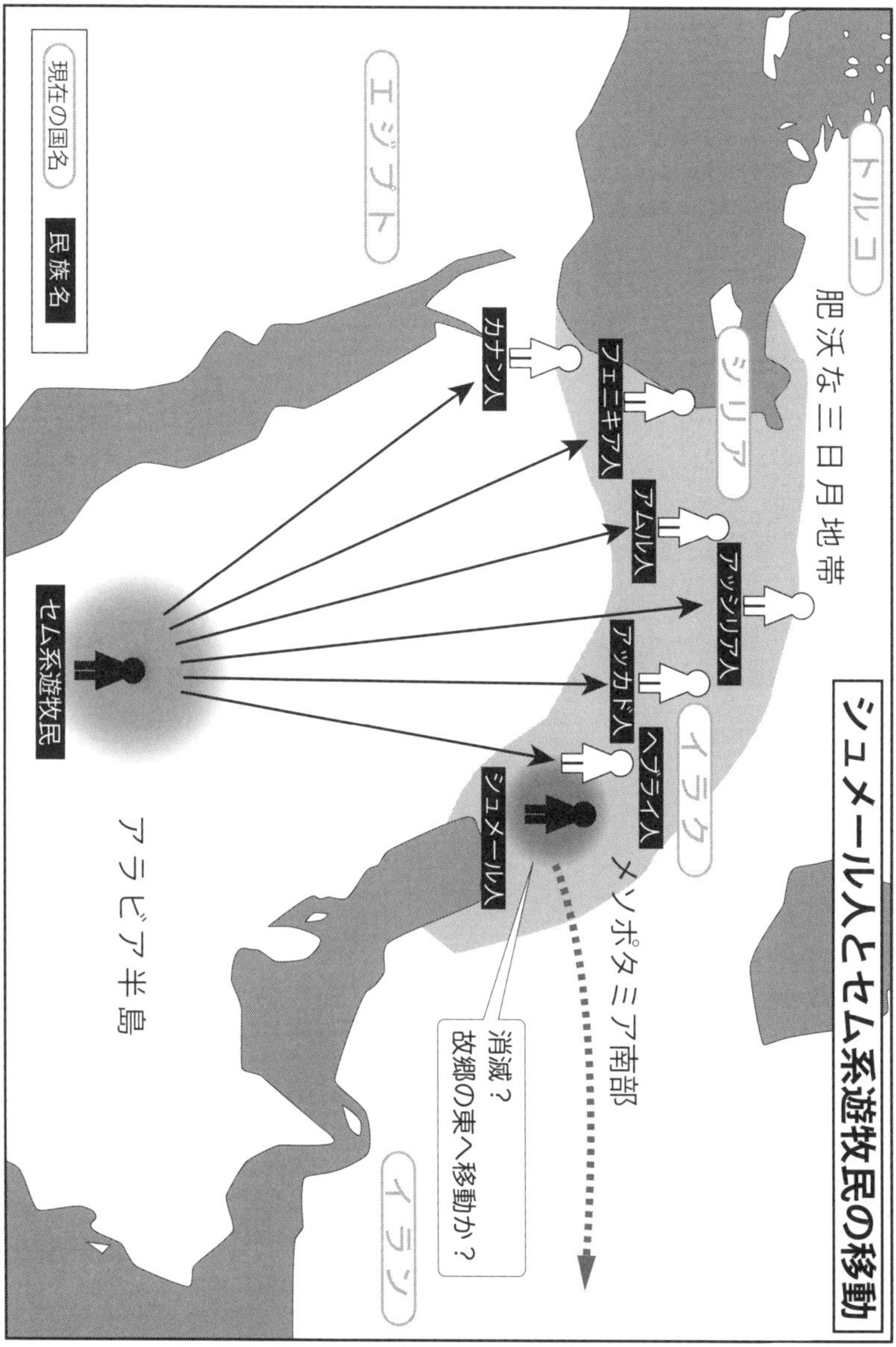
シュメール人とセム系遊牧民の移動
現在の国名
民族名
トルコ
シリア
イラク
イラン
エジプト
肥沃な三日月地帯
カナン人
フェニキア人
アムル人
アッシリア人
アッカド人
ヘブライ人
シュメール人
セム系遊牧民
メソポタミア南部
アラビア半島
消滅？
故郷の東へ移動か？

などの古代オリエントを代表する諸民族であり、彼らが新しい文明の担い手となったことで、人類はいよいよ「先史から古代へ」と移行していくことになったのです。

古代「第1段階」を崩壊させた民族移動

しかし、やがて気候が落ち着いてくる[＊06]とともに民族移動も収まり、オリエント文明は以降1000年ほど安定期に入ります。

この間は、オリエントの中心部(肥沃な三日月地帯)にはアッカド帝国が、西部(エジプト)には古王国が繁栄期を迎えただけでなく、その栄華に触発されて文明の灯《ともしび》がオリエントから近隣地域に拡がっていった時期でもあります。

西隣の東地中海にはエーゲ文明、東隣のインドにはインダス文明。

ところが、紀元前3千年紀の末になると、ふたたび急激な寒冷化と乾燥化が襲いかかり[＊07]、それとともに動乱の世が訪れます。

こうしてみると、「文明・王朝の盛衰」は「気候の温暖化・寒冷化の周期《サイクル》」に一致していることがわかります。

移民の法則③

気候の乾燥化・寒冷化が大規模な移民を引き起こし、移民がその時代を破壊するが、破壊が新時代の創成を促す。


このころアフリカ大陸からアジア大陸にかけて東西に帯状に拡がる砂漠[＊08]が拡大し、世界各地で不毛の地となった故郷を棄て、豊かな土地へと移動を始める民族が現れます。

こうして、前時代（紀元前3千年紀）に栄華を誇った二大帝国[＊09]は四方から異民族が侵入してきたことであっけなく崩壊してしまいました。

その時代に覇を唱えた組織は、それが文明であろうが国家であろうが、どんなに栄華を誇ろ

［＊05］古気候学では「イベント4」と呼ばれる紀元前4200〜3200年の1000年間。

［＊06］紀元前3200〜2200年。寒冷期「イベント4」と「イベント3」に挟まれた温暖期。

［＊07］「イベント3」と呼ばれる紀元前2200〜1900年の寒冷期。

［＊08］サハラ砂漠（北アフリカ）〜アラビア砂漠（アラビア半島）〜カヴィール砂漠（イラン）〜タクラマカン砂漠（中央アジア）〜ゴビ砂漠（中国甘粛省〜モンゴル高原）

［＊09］アッカド帝国、エジプト古王国のこと。

うが強大であろうが、時代が移り変わったとき、その時代と共に亡びる運命にあります。

それは、あれだけ隆盛を誇ったアッカド帝国・エジプト古王国とて例外ではありません。

アーリア系侵寇によるオリエントの混乱

そして、このころ各地で起こった民族移動の中でも、とりわけ重要でもっとも大規模に展開したのがアーリア系民族のそれです。

その民族移動は前回（セム系）の比ではありません。

前回はあくまでオリエント世界に限定され、またこのときに生まれた民族は現在ではことごとく歴史の渦の中に消えていきました[＊10]が、今回の民族移動（アーリア系）の規模は全ユーラシア大陸に及び、このときに生まれた民族は現在に至るまで存続しているものが多く、それは4000年経った現在にまで大きく影響を与えることになります。

ユーラシア大陸には、西から「ポントス・カスピ海草原《ステップ》」「カザフ草原《ステップ》」「モンゴル草原《ステップ》」と

［＊10］唯一「ユダヤ人」と自称する人々は現在に至るまで存在していますが、それはほとんど〝本人の意識の問題〟として「ユダヤ人」という概念だけが残存しているにすぎません。「血統的民族」としては完全に消滅しています。

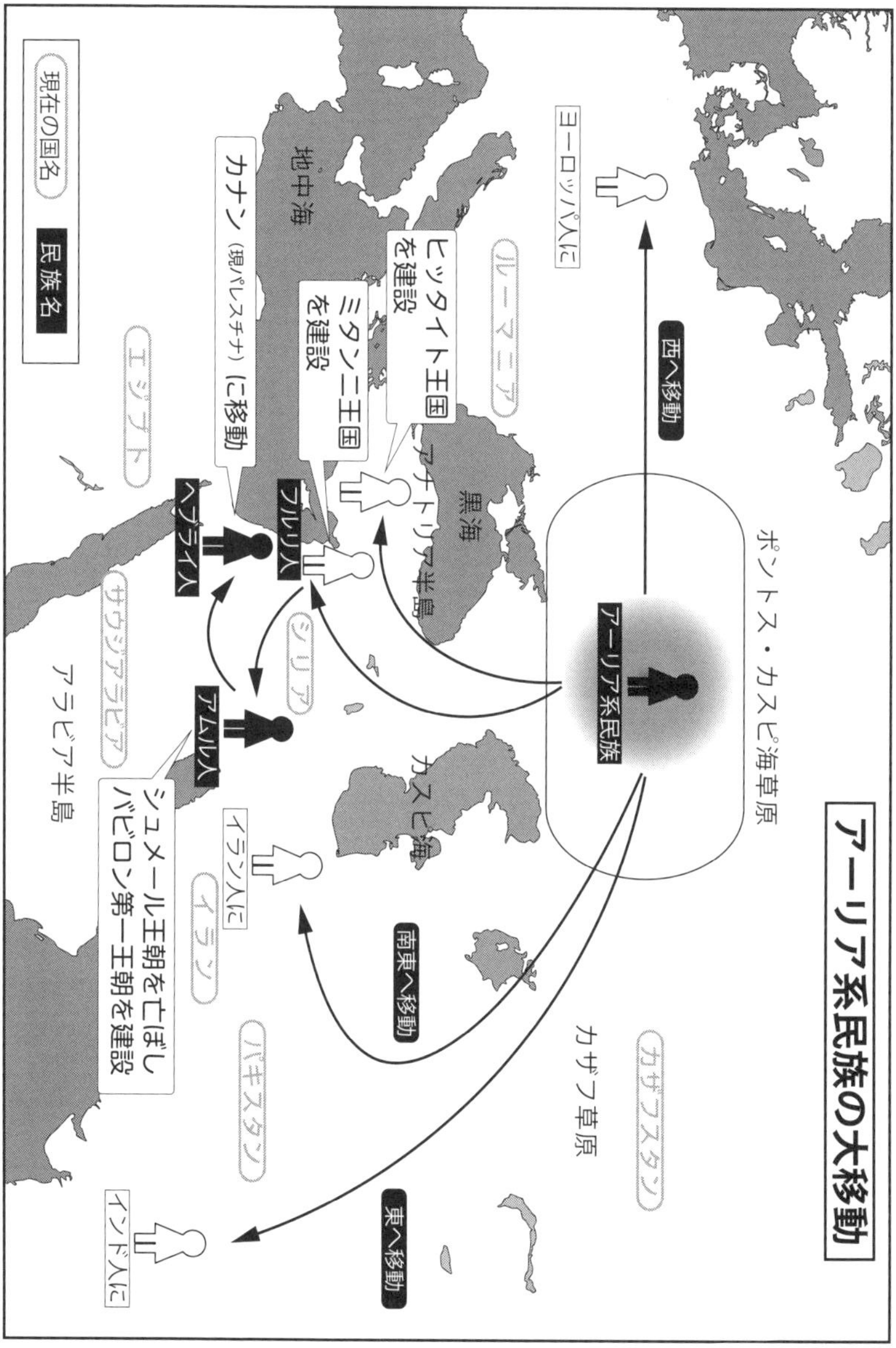
アーリア系民族の大移動
現在の国名
民族名
ヨーロッパ人に
ルーマニア
地中海
カナン（現パレスチナ）に移動
ヒッタイト王国を建設
ミタンニ王国を建設
エジプト
西へ移動
黒海
アナトリア半島
ポントス・カスピ海草原
アーリア系民族
フルリ人
ヘブライ人
アムル人
シリア
サウジアラビア
アラビア半島
シュメール王朝を亡ぼし
バビロン第一王朝を建設
カスピ海
イラン人に
イラン
南東へ移動
パキスタン
カザフ草原
カザフスタン
東へ移動
インド人に

東西に帯状に草原《ステップ》地帯が拡がっていますが、アーリア系民族はこのうちポントス・カスピ海草《ステ》原《ップ》に住んでいた遊牧民です。

彼らのうち、東に移動した者たちはやがてインド人となり、南東に移住した者たちはイラン人となり、西に移動した者たちは現在のヨーロッパ人となっていきました[＊11]。

そして、南に移動した者たちの中で、特にアナトリア半島に侵入した民族がヒッタイト王国を、シリアに侵入した民族（フルリ人）がミタンニ王国を建設しています。

フルリ人の侵掠《インベード》によってシリア一帯は大混乱に陥り、故郷《シリア》から駆逐されたアムル人たちは、今度は自分たちが侵掠者《インベーダー》となってメソポタミアに侵寇、当時メソポタミアを支配していたシュメール王朝（ウル第三王朝）を亡ぼして「バビロン第一王朝」を建設。

こうした混乱の中、これを嫌ってか、今度はヘブライ人が住み馴れた故郷[＊12]に見切りをつけ、カナン（現パレスチナ地方）に向かっています[＊13]。

移民の法則④

大規模な民族移動は、当該地域だけの破壊に留まらず、破壊が次なる民族移動を誘発し、それがさらなる民族移動を引き起こす。

こうして、フルリ人→アムル人→シュメール人・ヘブライ人というようにドミノ倒しのような民族移動が起こった結果、この吹けば飛ぶような〝虫ケラ《トーレーア》〟［＊14］同然の小部族ヘブライの移民が、以降の人類の歴史に絶大な影響を与えることになろうとは、このとき誰も想像だにできなかったことでしょう。

［＊11］紀元前2千年紀以前の民族移動はまだわかっていないことも多く、本文で解説したような民族の動きは〝ひとつの有力な仮説〟のひとつにすぎません。

［＊12］『旧約聖書』では「カルデアのウル」とあり、それは永らくメソポタミア南部のウル王朝の首都のことだと言われてきましたが、近年、メソポタミア北部のハランから東方150㎞の都市という説が現れました。

［＊13］『旧約聖書』では、ウルからハランまでがテラによって導かれ、しばらくそこに定住したあと、ハランからカナンまでその子アブラム（アブラハム）によって導かれたと書かれています。

［＊14］『旧約聖書』では「取るに足らない存在」を〝トーレーア（虫ケラ・ウジ虫）〟に喩え、神はヘブライ人を「虫ケラ」と呼んでいます（「ヨブ記」第25章6節、「イザヤ書」第41章14節など）。

移民が一神教《モノシイズム》を生み、ユダヤ教を一神教化し、それが現在のキリスト教・イスラームを生んだ。

オリエントの混乱の余波はエジプトへ

「民族移動が民族移動を誘発する」という〝負のスパイラル〟はまだまだ止《とど》まることを知らず、シリアを中心として田畑屋敷を奪われ、国を追われ、生きる術《すべ》を失った者たちが、生きるために野盗と化して家々を襲うようになります。

しかし、各人がバラバラに動いたのでは、やがて討伐される運命にありますから、彼らはまもなく徒党を組むようになり、さらに複数の野盗団が統合して手が付けられなくなっていきました。

こうしたことは混乱期にはよくあること[＊01]で、このころシリアを中心に現れた「ヒュクソス」もおそらくはそうした類のものでしょう[＊02]。

しかし、所詮《しょせん》は〝根なし草〟。

蝗《いなご》の大群同様、初動こそ周りを喰い尽くしながら威勢もよいですが、ほどなく勢いを失って散り消えゆく運命にありますから、そうならないためには、どこかに拠点を築く必要があります。

彼ら《ヒュクソス》がその〝安住の地〟として目指したのがエジプトでした。

当時のエジプトは豊かな土地柄でありながら強力な統一政権がなく［＊03］、しかも彼らが暴れていたシリアからも距離的に近い。

こうして、フルリ人がシリアに侵寇したことで、ついにこのときの民族移動による混乱の津波はエジプトまで及ぶことになったのでした。

人類初の一神教《モノシイズム》の成立

こうしてエジプト王朝は一時ナイルデルタ［＊04］から駆逐されることになりましたが、臥薪《がしん》

［＊01］たとえば、中国では「黄巣の乱」に代表される農民叛乱、ロシアでは「コサック」などもこれに近いものでした。
［＊02］「ヒュクソス」とは古代エジプト語で「異民族支配者」の意。自称は不明。民族系統も不明。アムル人説、フルリ人説、その混血説などありますが、おそらくは、このころシリア周辺に住んでいたあらゆる民族の混血。
［＊03］当時のエジプトは、中王国の末期から第二中間期（統一政権のない時代）に当たりました。
［＊04］ナイル川下流のデルタ地帯のこと。エジプトの中枢。

嘗胆《しょうたん》・捲土《けんど》重来《ちょうらい》、エジプトはそれから100年ののちヒュクソスを撃退することに成功しました。

それこそが「新王国」時代です。

一般的には「ネフェルティティ［＊05］の胸像」やその娘婿ツタンカーメン王［＊06］の「黄金のマスク」などの考古学的な遺物で有名ですが、歴史学的にはツタンカーメンの先代アメンホテプ4世の方が圧倒的に重要です。

彼の御世《みよ》、王朝は絶頂期に入りましたが、王《ファラオ》の権勢が高まったことで大きな問題が表面化してきました。

それは、国が栄えれば栄えるほどすべては「神《アモン》の御加護のおかげ」とされ、神官《ヘムネチェル》の発言権が王《ファラオ》すら凌駕しはじめたことです［＊07］。

――このままでは王位も殆《あや》うい［＊08］！

彼ら神官《ヘムネチェル》が我がもの顔に振る舞えるのは、神《アモン》を騙《かた》っているからです。

ならば事は簡単、王《ファラオ》が神官《ヘムネチェル》を兼位すればよい［＊09］。

しかし、「アモン神の声を聴くことができるのは神官《ヘムネチェル》だけ」という伝統があったため「アモン神」ではダメです。

そこでアメンホテプ4世は、当時マイナーだった「アトン神」という神を引っぱり出し、叫びます。

――余にアトン神の神託が下った！

アトン神の声を聴くことができるのは王《ファラオ》だけである！

しかし、これだけでは「アモン神官《ヘムネチェル》」と「アトン神官《ヘムネチェル》（王）」の中傷合戦が始まるだけですから、もう一押し必要です。

――神《アトン》は申された！

我の他に神はなし！

我こそが唯一の神なり！

こうすれば、アモン神は〝偽神〟となり、それを掲げる神官《ヘムネチェル》は「ペテン師」ということで排斥することができます。

じつは、このように純粋に政治的事情で人工的に造られた「アトン教」こそ、人類史上初の

［＊05］　アメンホテプ4世の正妃で、その娘（アンケセナーメン）がツタンカーメンの妻。

［＊06］　アメンホテプ4世の甥にして娘婿。正確には「トゥトアンクアメン（アモン神の生き写しの意）」と発音されます。

［＊07］　中世ヨーロッパでは、神の権威を笠に着たローマ教皇を前にして、帝・王すら跪かされた（カノッサの屈辱など）ことがありました。日本でも、仏僧・道鏡が天皇を意のままに操り、皇位を窺ったことがあります。

［＊08］　実際、彼の次王ツタンカーメンの大神官アイが王位を簒奪しています。

［＊09］　ヨーロッパでも、ビザンツ帝が「皇帝教皇主義」、英王が「国王至上法」を発するなど、王権と教権を兼位することでローマ教皇の権威に対抗しようとしていますが、これと同じです。

一神教《モノシイズム》です。

これ以前に人類が作りあげた無数の宗教の中に一神教《モノシイズム》はひとつたりとも存在しませんでした、しかも、この特異な宗教「アトン教」がエジプトに存在していたのは、後にも先にもこの王《ファラオ》の御代《みよ》10年のみ！

イクンアトン［＊10］王が亡くなるや、猛反発していたアモン神官《ヘムネチェル》たちがただちにこの王《ファラオ》の名を王名表から消し、「アメンホテプ4世という王《ファラオ》自体が最初から存在しなかった」ことにされ、王《ファラオ》とアトン教の存在はエジプトの歴史から徹底的に抹殺されてしまいます。

こうして〝突然変異《ミュータント》〟のようにして生まれた「一神教《モノシイズム》」は人類史から跡形もなく消え、ふたたび〝多神教《ポリシイズム》しか存在しない世界〟へと戻っていく…はずでした。

アトン教の遺伝子《DNA》を受け継ぐ者たち

しかし。

悪魔の悪戯《いたずら》か、神のご意思か、アトン一神教《モノシイズム》そのものは消え去りましたが、その〝遺伝子《DNA》〟は現在に至るまで脈々と受け継がれることになります。しかしながら、そのことについて知るためには前出のヘブライ人たちの動きを知らなければなりません。

じつは、ちょうどこのころエジプトにはヘブライ人たちが棲《す》みついていました。

彼らが流浪《ヘブライ》の末［＊11］、アブラハムに導かれてカナン地方にたどりついたところまではすでに触れましたが、そこは〝乳と蜜の流るる郷《くに》〟などと表現するにはほど遠い、乾いた風が吹きすさぶ痩《や》せた土地《カナン》で、お世辞にも住みやすいところではありません。

そのため、彼らがここ《カナン》に棲《す》みついてまもなく大飢饉が襲いかかります。

そこでふたたび「移民」が起こります。

彼ら《ヘブライ》の一部が神《ヤハヴェ》から与えられた〝約束の地《カナン》〟を棄て、豊かなエジプトへと逃散しはじめたのです［＊12］。

しかしこのときの「移民」こそが歴史上特筆すべき〝人類史を激変させる特筆すべき移民〟となりました。

そこでたまたま彼らは、悠久の古代エジプト史［＊13］の中でもたった10年しか存在しなかった「アトン一神教《モノシイズム》」と奇蹟的な邂逅《かいこう》を果たしてしまったためです。

［＊10］アメンホテプ4世は宗教改革後、「アメンホテプ（アモン神が満足する者）」から「イクンアトン（アトン神に愛される者）」に改名しました。

［＊11］一説には、「ヘブライ」は「流浪する人々」という意味だとも言われています。

［＊12］彼らがいつごろエジプトに入植したのかは諸説あってよくわかっていませんが、おおよそ古代エジプトの「第二中間期」から「新王国時代」にかけて段階的に入植してきたと考えられています。

じつはヘブライ人という民は、放浪のゆく先々で見聞した異民族の宗教を無節操に自分たちの信仰に取り入れてきた［＊14］民族です。

したがってこのときも、信仰の根幹に係わる理念「一神教《モノシイズム》」をあっさりと自分たちの信仰に取り込んでしまいました［＊15］。

そうして生まれたのが「ユダヤ教」です。

信仰上、ユダヤ教徒はそれ《モノシイズム》がさも自分たちの独創《オリジナル》のように語りますが、学問的にはアトン一神教《モノシイズム》からの〝借用〟にすぎません。

ユダヤ教の確立

しかし、新しいものが生まれるときはいつでも「産みの苦しみ」を味わうもの。

ユダヤ教においても、「一神教《モノシイズム》」が確立するためには、もうひと波乱が必要でした。

じつは、このころのヘブライ人たちは、異郷《エジプト》の地で過ごすうち奴隷身分に零落していたため、唯一神「ヤハヴェ」をかたるモーセという人物が現れて民を導き、〝乳と蜜の流るる郷《くに》〟へと帰還しています。

所謂《いわゆる》「出エジプト」です。

ところが、ヘブライの民の中には、ある日突然、「今日から我が民の信仰は一神教《モノシイズム》になりました」と言われてもこれに馴染めぬ者も多く、故郷《カナン》に戻る途中も、幾度となくモーセがちょっと目を離すとすぐに多神教《ポリシイズム》に戻ろうとします。

艱難辛苦《かんなん》、ようやく故郷《カナン》に戻ってみたら、そこには飢饉の時にも〝約束の地《カナン》〟を離れなかった同胞《ヘブライ》が住んでいましたが、彼らは当然、従来通りの多神教徒《ポリシイスト》でしたし、移住組がカナンを留守にしていた数百年の間に、残留組はカナンの先住民（カナン人やアモリ人など）と混血してしまっていたため、帰還したヘブライ人にとって、彼らはもはや〝異邦人《ゴイ》〟でした。

そこで、帰還ヘブライ人がまず最初にやったことがカナンに住む人々に対する、問答無用、情け容赦のない殺戮、虐殺、絶滅作戦《ジェノサイド》です。

慈愛深き神《ヤハヴェ》が「異邦人《ゴイ》は男も女も老いも若きも、牛・馬・羊・驢馬《ろば》に至るまで、命ある者はことごとく滅ぼし尽くすべし！」とお命じになった[＊16]からです。

［＊13］どれほど「悠久」かといえば、古代エジプトが存続した期間（第1王朝から第32王朝）は約3000年です。古代エジプトが亡んでから現在までが約2000年ですから、なんと、古代エジプトが消滅してから現在までの期間より、古代エジプトが存続していた期間の方が1000年も長いのです。

［＊14］『旧約聖書』が矛盾だらけ・支離滅裂なのはそのためです。

［＊15］『創世記』では神が「我々」と自称しているなど、『聖書』の中にもユダヤ教が元々多神教だった面影が随所に残っています。

［＊16］『旧約聖書』のヨシュア記をはじめとしていたるところに書いてあります。

こうして多くの屍《しかばね》の山を築きながら建てられた国こそ、あのダヴィデ王・ソロモン王を輩出したことで有名な「ヘブライ王国［＊17］」です。

しかし、その血塗られた王国も100年ほどで南北に分裂すると、北王国はアッシリア帝国に滅ぼされてアッシリア人との混血が進み［＊18］、やはり多神教《ポリシイズム》に転んでいきます。

こうした北王国の〝堕落〟を忌み嫌った南王国（ユダ王国）の民も、やがて新《ネオ》バビロニア王国に滅ぼされ、老若男女がバビロンに強制移住（所謂「バビロン捕囚」）させられました。

バビロンへ向かう途上、体力のない者たちがばたばたと倒れ、累々《るいるい》と死体を連ねることとなり、彼らはこれを「最大の民族的苦難」と呼びましたが、じつはこのときの移民こそ、彼らが〝真のユダヤ教徒〟として確立する契機《きっかけ》となります。

ユダヤ教の教義が確立し、『旧約聖書《オールドテスタメント》』が書かれたのもこのころですし、彼らのことを「ヘブライ人」ではなく「ユダヤ人」と呼ぶようになるのもこのころからです。

もし「バビロン捕囚」という強制移民がなかったら、ユダヤ教も多神教《ポリシイズム》に転んで消えていったか、生き残ったとしても現在とはまったく違った形になっていたことは間違いありません。

このように、一神教《モノシイズム》もまた「移民」によって生まれたものといってよいものでした。

そして、このユダヤ教から派生したのがキリスト教であり、さらにこれらから派生したのがイスラームで、現在、地球上に存在するすべての一神教《モノシイズム》は、ひとつとして例外なくこれらの亜流にすぎません。

もし、ヘブライ人が「移民」などしていなければ！
そうなれば彼らがアトン一神教《モノシイズム》と邂逅《かいこう》することもなく、そうなればユダヤ教は多神教《ポリシイズム》のまま、他のオリエント諸教と同じように歴史の渦の中に消えていったことは間違いありません。
そしてそうなれば、21世紀を迎えた現在に至るまでキリスト教・イスラームどころか、この地球上には一神教《モノシイズム》などひとつとして存在しなかったでしょう。

移民の法則⑤
人類の歴史を大きく変えた「一神教《モノシイズム》」もまた、移民によって生まれ、移民によって育まれ、移民によって世界に拡がっていった。

こうなればパスカルが心配したように、クレオパトラの鼻が高かろうが低かろうが、そんな

［＊17］　正式には「イスラエル王国」ですが、南北分裂後の北王国も「イスラエル王国」というため、これと区別するため、通常「ヘブライ王国」と呼ばれます。
なお、こちらを「イスラエル王国」と呼ぶときには、分裂後の北王国を「北イスラエル王国」と呼んで区別します。
［＊18］　『旧約聖書』列王記下（第17章）より。ただし、「混血は進まなかった」とする説もあります。

ものは問題にならないほど〝大地の全表面《ラ・ファス・デ・ラ・テーラ》〟［＊19］は現在とはまったく違った姿となっていたことは疑いようもありません。

まさに、彼らの「移民」こそが人類史に激変をもたらすことになったのでした。

「移民」が巻き起こす影響力・破壊力のすさまじさを再確認させられます。

［＊19］パスカル著『パンセ』の一節「もしクレオパトラの鼻がもう少し低かったら大地の全表面は変わっていただろう」より。

温暖化が文明・王朝を安定させ、寒冷化が文明・王朝を崩壊させる。

紀元前1200年の破局《カタストロフ》（東地中海）

紀元前3千年紀末の寒冷化［＊01］は、紀元前2千年紀に入ると収まったために民族の移動も落ち着きを取り戻しました。

それに伴ってオリエント世界はふたたび安定期に入り、いよいよ古代も「第2段階」に突入します。

この時代、メソポタミアでバビロン第一王朝・第三王朝［＊02］、シリアでミタンニ王国が栄え、アナトリアにはヒッタイト王国、エジプトには新王国が興隆してお互いに鎬《しのぎ》を削り、そしてバルカン半島にはミケーネ文明が繁栄。

さらに、インドではヴェーダ文明が華《はな》開き、中国では殷王朝が華北に覇を唱えます。

しかし。

2千年紀を代表するこれらの強国・文明も、紀元前1200年ごろになると、まるで申し合わせたかのように一斉に崩壊・滅亡していくことになります。

これを「紀元前1200年の破局《カタストロフ》」といいますが、その原因はやはり気候の急激な寒冷化［＊03］とそれに伴う民族移動でした［＊04］。

紀元前4千年紀にはセム系が動いて古代を切り拓き（古代「第1段階」）、紀元前2000年ごろにはアーリア系が動いて歴史を掻《か》き回しました（古代「第2段階」）が、今回はセム系とアーリア系の両方が同時に民族移動を起こします（古代「第3段階」）。

中でも、バルカン半島に侵寇してきたアーリア系（ドーリア人）は、どこで知ったか、最初から鉄器《アイアン》を携えており、いまだ青銅器《ブロンズ》段階だった先住民（アカイア人）を大混乱に陥れます。

以降、バルカン半島は長い「暗黒時代《ダークエイジ》［＊05］」へと突入していきました。

［＊01］「イベント3」と呼ばれる紀元前2200～1900年の寒冷期。

［＊02］第一王朝は「アムル朝バビロニア王国」、第三王朝は「カッシート朝バビロニア王国」とも呼ばれます。その間の「第二王朝」は「海の国」とも呼ばれ、メソポタミア南部を押さえただけで統一王朝ではありません。

［＊03］紀元前1200年ごろ、短期間のうちに年平均気温が4℃も落ち、たとえばギリシアの民族衣装はそれまで全裸に近いものだったのが、この時期を境としてヒマティオン（一枚布の上着）を羽織るようになります。

［＊04］何しろ古代のことにて諸説紛々、異説はあります。

［＊05］紀元前1200～750年まで（古代「第3段階」に一致）。この間、文献資料がほとんどまったく見つからないため、「史料研究の上で〝真っ暗〟な時代」という意味「暗黒」と呼ばれるのであって、必ずしも「大混乱時代」という意味ではありません。ただ、「文献がまったく見つからないということは、それほど混乱していたに違いない」という推測する学者は多い。

こうした時代にあって、祖国《くに》を死守できればまだマシで、多くのアカイア人が国を亡ぼされてドーリア人の奴隷となるか、はたまた東のエーゲ海域へと逃れていくかして、彼ら《アカイア》の文明（ミケーネ）は崩壊していきます。

それだけに止《とど》まらず、ひとたび民族移動が起これば、その影響はドミノ式に周辺地域を混乱に巻き込むことを、すでに我々は見てきました。

こたびも例外ではなく、これにより当時エーゲ海域に住んでいた「海の民《シーピープル》［＊06］」はこの煽《あお》りを喰らって、故郷《エーゲ》を棄てざるを得なくなります。

彼ら《シーピープル》はヒュクソスと同じ〝歴史的役割〟を与えられて東地中海一帯を荒らし回り、その混乱の中で栄華を誇ったヒッタイト王国が亡び、絶頂の中にあったフェニキア都市連合の盟主シドンは壊滅、エジプトだけはなんとか「デルタの戦」でこれを撃退［＊07］、滅亡こそ逃れたものの、これを境として衰亡していくことになります。

紀元前1200年の破局《カタストロフ》（オリエント内陸）

こうした「破局《カタストロフ》」は東地中海沿岸部だけではなく、内陸部にも及びます。

［＊06］ ながらく「民族系統不明」でしたが、最近、アーリア系と考えられるようになりました。

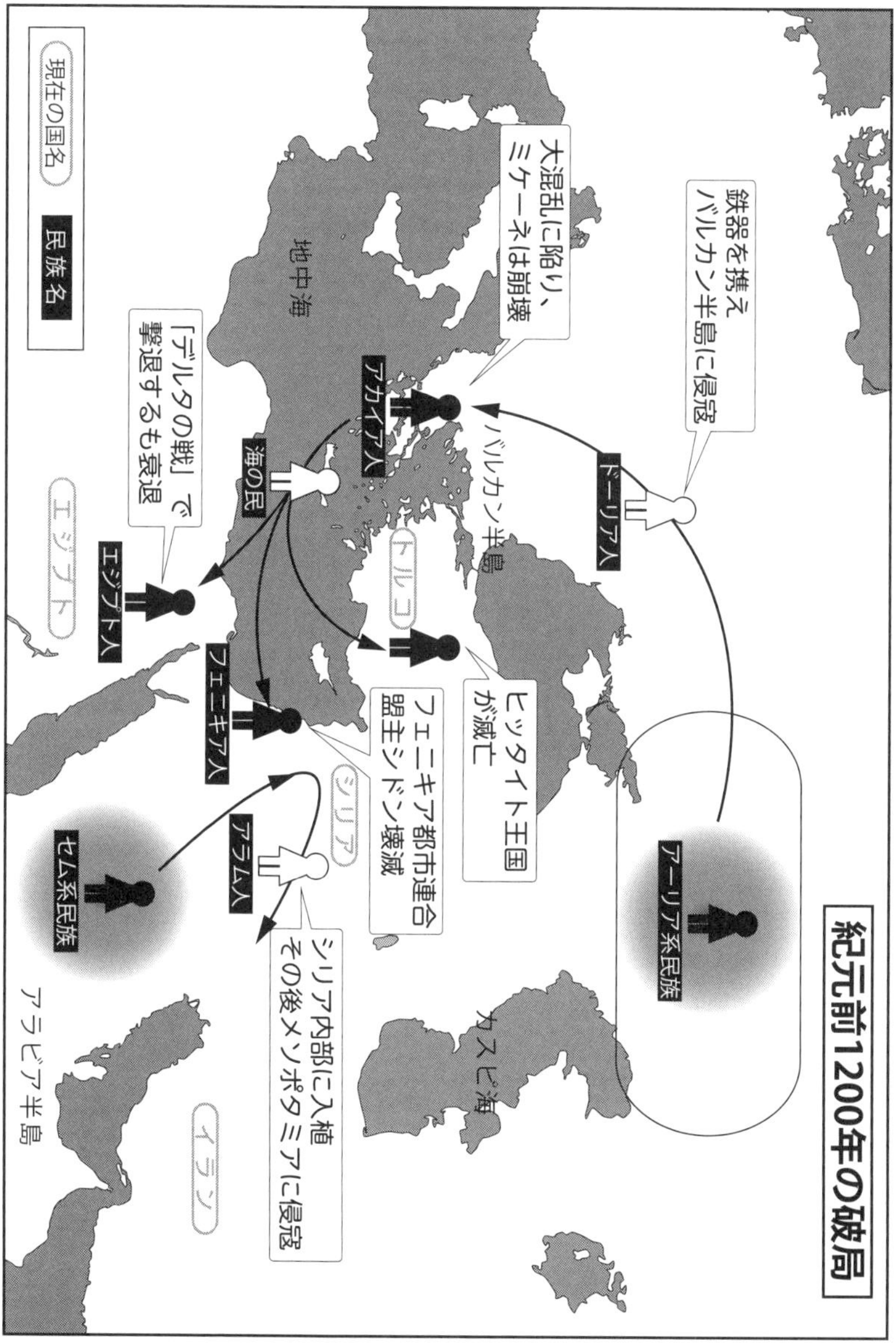
紀元前1200年の破局
現在の国名
民族名
アーリア系民族
ドーリア人
鉄器を携え
バルカン半島に侵寇
バルカン半島
アカイア人
大混乱に陥り、
ミケーネは崩壊
地中海
海の民
「デルタの戦」で
撃退するも衰退
エジプト人
エジプト
トルコ
ヒッタイト王国
が滅亡
フェニキア人
フェニキア都市連合
盟主シドン壊滅
シリア
アラム人
シリア内部に入植
その後メソポタミアに侵寇
セム系民族
アラビア半島
イラン
カスピ海

なんとなれば、アーリア系の民族移動と時を合わせて、アラビア半島のセム系が2度目の大規模な民族移動を起こしたためです。

彼らはシリア内陸部に入植(アラム人)し、そこから東進してメソポタミアに侵寇したため、以降、メソポタミアは第四王朝、第五王朝、第六王朝、第七王朝、第八王朝とめまぐるしく王朝が交代する〝破局《カタストロフ》〟の時代を迎えることになりました。

紀元前1200年の破局《カタストロフ》(インド・中国)

のみならず。

この破局《カタストロフ》はオリエントばかりか、遠く南アジア・東アジアにおいても現れます。

インダス河畔に栄えていたヴェーダ文明も、やはりちょうどこのころ異常な乾燥化に襲われて豊かな農地は荒れ果てて衰退していますし、さらに中国でも、急激な寒冷化のために、前段階まで栄華を誇っていた「殷(商)」が急速に衰え、これに代わって「周」の時代を迎えることになりました[*08]。

次の〝春〟は短くて…

このように、紀元前1200年の乾燥化・寒冷化は急激なもので、その影響力は甚大でしたが、その代わり長くつづかず、すぐに温暖化します。

しかし、今回はいままでのように「王朝が栄華を誇る安定期」は生まれませんでした。なんとなれば、この温暖化も長くつづかず、体制が落ち着きを取り戻す前に終熄し、以降800年もの長い寒冷期[＊09]に入ってしまったためです。

その800年の中でも特に寒さが厳しかったのが紀元前8世紀ごろで、このころ歴史が大きくうねり、古代は「第4段階」に入る契機《きっかけ》となりました。

［＊07］新王国、第20王朝の第2代ラムセス3世の御世。
［＊08］所謂「殷周革命」。『史記』によれば、「暴君・紂王が妲己に溺れて国を乱した」という〝設定〟になっていますが、いまだに膨大な甲骨文の中から「妲己」の名は発見されず、また「紂王は暴君どころかむしろ名君だった」という研究成果が広く認知されつつあります。名君であっても異常気象の前には亡びの道しか残されていなかった、というわけです。
［＊09］「イベント2」と呼ばれる紀元前1000〜200年ごろの寒冷期。

第2章 騎馬民族の猛威

騎馬民族が現れたことで世界史は新しい段階に入った！

紀元前8世紀中ごろに襲いかかった寒冷化がアッシリア帝国を亡ぼし、西周を東遷させた。

移民と混血によって生まれた漢民族

第1章では、西アジア世界を中心に古代における「移民（民族移動）」とそれに伴う歴史の動きを見てまいりましたが、ここでいったん切って、本章ではそのころの東アジア世界に目を向けてみることにします。

まだオリエントに文明が生まれたばかりのころ（紀元前3千年紀）、現在の西安《シーアン》から洛陽《ルオヤン》にかけての中原《ジョンユエン》一帯には稗《ひえ》・粟《あわ》を耕作する農耕民族が住みついていました。

ここが中国の発祥となる地で、この民こそのちに「漢民族」と称することになる民族です。

当時は自らを「華[*01]」と称し、その周囲に住む民を「夷《い》」「狄《てき》」「蛮《ばん》」「戎《じゅう》」と呼んでいました。

- 夷《い》……山東《シャントン》一帯に住んでいた漁撈《ぎょろう》民
- 狄《てき》……河北《ホーペイ》一帯に住んでいた狩猟民

・蛮《ばん》…長江《チャンジャン》一帯に住んでいた農耕民（中原と違って、米作・養蚕中心）
・戎《じゅう》…甘粛《カンスー》一帯に住んでいた遊牧民

のちには東アジアに君臨する高度文明を築きあげることになる中国も、このころはまだ夷狄《いてき》蛮戎《ばんじゅう》と比べて特別文明レベルが高いというわけでもなければ、豊かな物産に恵まれていたわけでもありません［＊02］。

ただ、彼らが現れた「中原《ジョンユエン》」の周りは、ちょうど漁撈《ぎょろう》・狩猟・農耕・遊牧とそれぞれ生業《なりわい》を異とする民族に囲まれ、その真ん中に位置していたため、通商の上でたいへん利便性の高い土地柄だった、というだけです。

自然と四方から民と物資が集まり、こうした〝地の利〟に恵まれた華族は商売に励むようになりました。

こうした歴史背景の中から、中国で最初に生まれた王朝こそが「商［＊03］」です。

［＊01］彼らは、中原の中央（渭水と黄河の合流地点）に位置する標高2000m級の聖山「華山」からそう自称しました。
［＊02］むしろ「蛮」と呼ばれていた人々の方が、米作・養蚕（絹織物）など、文明度は華族より高かったほどです。
［＊03］およそ古代「第2段階」に相当する時代の王朝。一般的には「殷」という名で伝わる。「殷」というのは、のちの周が付けた蔑称であり、あくまでも自称は「商」だったと言われています（異説あり）。

「名は体を表す」とはよく言ったもので、これは彼らが「農業」ではなく「商業」によって身を立てたことを暗示しています。

言葉の違う異民族が入り交じって商売をするいうことになれば、どうしてもお互いの意思疎通のため、また売買記録を取っておくため、「文字」の必要性に迫られます。

そう考えれば、現在の漢字の元となった「甲骨文字」がこの王朝の下で生まれたのも偶然ではないでしょう。

こうして異民族交流が密になればなるほど、生活拠点を中原《ジョンユェン》に移す者も増えて移民の発生も避けがたく、混血が進んで華族と夷狄蛮戎《いてきばんじゅう》は均質化していき、それがのちの「漢民族」と呼ばれる民族となっていきました。

移民の法則⑥
漢民族もまたオリエント諸民族同様、周辺民族との混血によって生まれた民族。古代に名を馳せた民族は皆、移民と混血によって生まれたもの。

オリエントの諸民族が「移民」によって生まれたように、漢民族もまた「移民」によって生まれた「夷狄蛮戎《いてきばんじゅう》の混血」であって、「漢民族という純血種《サラブレッド》」など存在しないのです。

オリエントの歴史段階と一致する殷周時代

ところで。

西アジア世界では、一口に「古代」といっても民族移動をきっかけとして時代が大きくうねり、それに伴ってその時代を代表する覇権国家も交代して、古代の中にもいくつかの〝段階〟に分けられることを見てきました。

古代段階	年代	時代を代表する覇権国家
第1段階	紀元前3000〜2100年ごろ	アッカド帝国・エジプト古王国
第2段階	紀元前2000〜1200年ごろ	バビロン王朝・エジプト新王国・殷
第3段階	紀元前1200〜 750年ごろ	覇権国家なし　・周

そして、遠く離れた中国でもこうした動きと歩調を合わせるようにして、第1段階が「黄河文明」、第2段階が「殷」、第3段階が「西周」とほぼ一致します。

このあたりの事情はよくわかっていませんが、時機《タイミング》的にみてやはり中国もまた、気候変動とそれに伴う民族移動が大きな要因となったことは想像に難くありません。

騎馬民族の誕生

ところで、紀元前1000年ごろから始まった寒冷化は、紀元前8世紀に入ると一段と厳しくなり、それは時代を「第4段階」へと誘《いざな》うのに充分な衝撃《インパクト》となります。

ポントス・カスピ海草原《ステップ》でも寒冷化と乾燥化が襲いかかり、草原《ステップ》が一斉に姿を消しはじめました。

こうした中、ある者は故郷《ふるさと》を見限って他地域へと移民していきましたが、この地に残った者は生き残りを賭けて、ポツンポツンとしか点在しなくなった草原《ステップ》を短期のうちに遠方まで渡り歩かなければならなくなり、〝機動力〟が生命線となります。

機動力が必要なら馬に乗ればよさそうなものですが、これまで彼らは、生まれたときから馬に親しみながら騎乗することはありませんでした。

なんとなれば、遊牧民にとって馬は命の次に大切なものであり、これに〝(文字通り)馬乗り〟になるなど禁忌《タブー》だったこと、またそもそも馬具が発明されるまで騎馬はきわめて高度な技術《テクニック》を必要とされ、誰でも乗りこなせるものではなかったためです。

しかし、必要は発明の母。

このころ、銜《くつわ》と手綱《たづな》、鞍《くら》と鐙《あぶみ》など［＊04］が実用的に改良されたことで騎乗が容易になり、彼らはこの機動力で生き残りを図ったのでした。

ここに、世界初の〝騎馬民族〟が生まれます。

それこそがスキタイ人です。

ひとたび騎馬民族が生まれれば、騎馬を前にして歩兵では歯が立たないため、近隣の遊牧民も生き残るためには騎馬民族とならざるを得ません。

移民の法則⑦

気候変動が騎馬民族を生み、騎馬民族が機動力を飛躍的に向上させ、以降、民族移動の大幅スピードアップが図られる。

こうして、騎馬文化が瞬く間《またた》にユーラシア草原《ステップ》全体に広がっていき、以降、彼らが歴史を動

［＊04］　乗馬を容易たらしめる馬具。これを飛行機で喩えれば、銜は「舵」、手綱は「操縦桿」、鞍は「操縦席」、鐙が「タラップ兼シートベルト」に相当するもので、これらが発明される以前に騎乗することは、舵・操舵輪・タラップ・操縦席なくして飛行機に乗り込むようなものでした。これらのものは古くから発明されていましたが、実用的になったのはこのころからです。

かしていくことになります。

アッシリア帝国を〝世界帝国〟たらしめたもの

ところで、前段階の紀元前1000年ごろから始まった寒冷化は、オリエント世界の諸国を一斉に衰退させ、その間隙を縫う形で新時代の覇者となったのがアッシリア帝国です。

アッシリアといえば、ヒッタイトの隣国にあってヒッタイト崩壊後いち早く鉄器《アイアン》を導入し、常備軍を整備して次々と周辺諸国を併呑、反抗的な民族に対しては「強制移住［＊05］」を強《し》い、恐怖政治を以《もっ》て支配地の富を収奪しながらついに史上初の「オリエント統一」を達成したことで有名です。

しかし、そうした偉業が可能になったのも、その背景に「寒冷期の到来」によって周辺諸国が一斉に力を失っていたからだったのです。

とはいえ、「利点《メリット》と欠点《デメリット》は表裏一体」。

アッシリアを〝世界帝国〟に押し上げた「寒冷化」そのものが帝国崩壊の原因となります。

［＊05］強制的に民族と土地を切り離すことで、反抗を押さえようとする政策。この政策はつぎの新バビロニア王国にも引き継がれ、ネブカドネザール2世が行った強制移住「バビロン捕囚（紀元前586〜537年）」が有名。

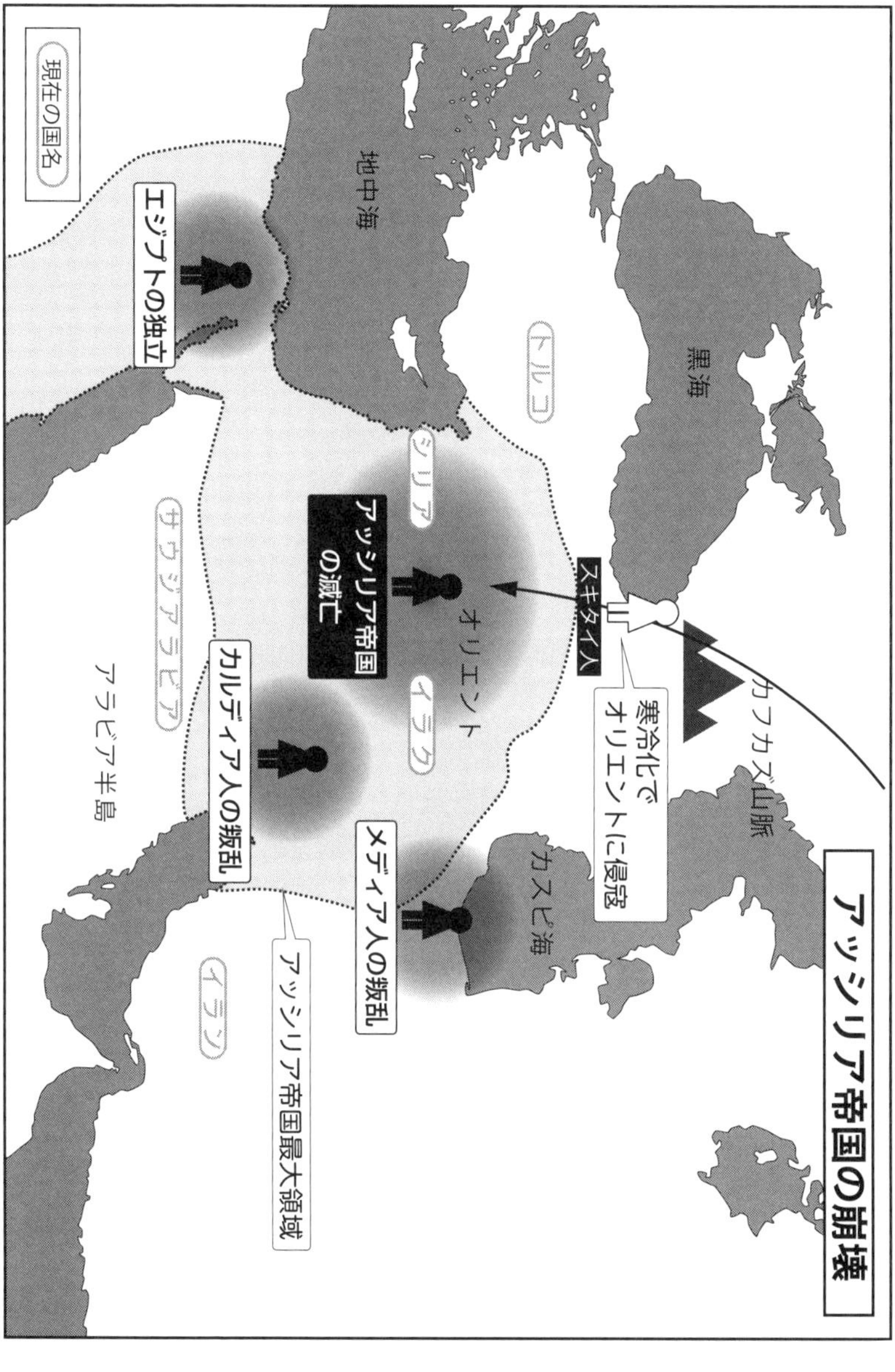
アッシリア帝国の崩壊
現在の国名
地中海
黒海
カフカス山脈
カスピ海
寒冷化で
オリエントに侵寇
スキタイ人
エジプトの独立
トルコ
シリア
アッシリア帝国
の滅亡
オリエント
イラク
メディア人の叛乱
カルディア人の叛乱
サウジアラビア
アラビア半島
イラン
アッシリア帝国最大領域

アッシリアはアッシュールバニパール王の御世《みよ》に絶頂期に入りましたが、このころ、同じく寒冷化のために騎馬を手に入れたスキタイが、カフカス山脈を乗り越えて、その機動力と戦闘力を活かしてアッシリア帝国の支配するオリエントに侵寇してきたのです。

帝国の北でスキタイが暴れまくった結果、南ではエジプトに独立され、東ではメディア人、中央ではカルディア人の叛乱が各地で相次ぎ、アッシュールバニパール王の死後ほどなく帝国は崩壊しました。

「移民（第1次セム系民族の大移動）」によって史上初の〝天下統一《オリエント》〟を成し遂げたアッシリアは、

「移民（強制移住）」によって世界帝国を維持し、

「移民（スキタイ人の侵寇）」によって亡んでいったわけです。

ギリシア人による「大植民活動」

この紀元前8世紀の寒冷化は、ギリシアにも影響を及ぼしました。

急激な寒冷化によって農業生産力が落ちて頻繁に飢餓が襲うようになり、その人口が支えられなくなると、生活が困窮した市民たちは国家の秩序を乱す存在となっていきます。

そこで政府は、これらの不穏分子を吐き出すため、国家事業として移民政策が実行され、紀元前8世紀中頃から6世紀中頃にかけて「大植民活動」が行われて、地中海沿岸の各地に植民市が建設されることになりました。

この2世紀をかけて無数に作られた植民市の中でも、現在に至るまで存続し、かつ有名なものは以下の通り。

- 現フランス　：マッサリア（現在のマルセイユ［以下同じ］）・ニカイア（ニース）
- 現イタリア　：ネアポリス（ナポリ）・タラントゥム（タラント）・シュラクサイ（シラクサ）
- 現トルコ［＊06］：ミレートス（ミレトス）・ビザンティオン（イスタンブール）

どれも各国を代表するような有名な都市ですが、じつはフランス人やイタリア人の建設したものではなく、このころ移民してきたギリシア人が建設した都市だったのです。

周の東遷は褒姒《ほうじ》の所為《せい》ではなかった!?

ところで、紀元前8世紀と言えば、周王朝が鎬京から洛邑に遷都したことで有名です。

このとき『史記』の語るところによれば、

［＊06］トルコ民族を表す原語「Türk」は、カタカナ表記では「テュルク」に近い発音ですが、昔の日本人には「トルコ」に聞こえたため、明治期を前後として「トルコ」と表記されました。その慣例に従って現在でもオスマン帝国およびトルコ共和国下のトルコ人に限って「トルコ」と表記し、古代から現代までアジア大陸広範に住むトルコ系民族全体を指すときには「テュルク」と発音して区別することがあります。ただし、本書では特に区別することなく、すべて「トルコ」と表記しています。

――時の王妃・褒姒《ほうじ》は〝笑わない妃〟で、幽王は彼女を笑わせようとどれほど手を尽くしても、けっして笑わない。

そんなある日、兵乱を報せる狼煙《のろし》が上がったのに、将兵が駆けつけてみれば何事もない。

このとき困惑する将兵を見た褒姒《ほうじ》が初めて笑った。

歓んだ幽王は、褒姒《ほうじ》を笑わせるために何度も狼煙《のろし》を上げさせたため、いざ、異民族の犬《けん》戎《じゅう》が侵寇したとき、兵が集まらずに首都は陥落、周は東遷した。

……と記されています。

しかしながらこれは如何にも作り話っぽく、史家からも「褒姒《ほうじ》」という女性の存在すら疑われているほどで、〝史実〟というよりは〝御伽噺《おとぎばなし》〟に近いでしょう。

実際には、褒姒《ほうじ》という女性とは関係なく、このころの寒冷化の煽《あお》りを受けて異民族の侵寇で滅んだ――と考えるのが自然です。

すなわち西周の滅亡もまた、オリエントやヨーロッパ同様、「紀元前8世紀の気候の寒冷化」とそれに伴う「民族移動」が背景にあったのでした。

気候の温暖化が、秦・マウリア朝・アレクサンドロス帝国・ローマ共和国などの空前の広域支配を生む。

空前の大統一がぞくぞくと誕生！

さて。

紀元前10世紀ごろから始まり、紀元前8世紀ごろに悪化していた寒冷期《イベント2》も、紀元前4世紀ごろからゆっくりと温暖化に向かいます。

そして、これに呼応するようにして歴史も新しい段階[＊01]へと動きはじめました。

ヨーロッパでは、前段階まで永らくイタリア半島の片隅に燻《くすぶ》ってきたローマ共和国が、この温暖化の到来とともに急速に成長を始め、前人未到の西地中海の統一を達成し、さらに東地中海をも臨む勢い。

中国では、前段階まで「春秋・戦国」と呼ばれる先の見えない長い戦乱時代がつづいていました[＊02]が、やはりこのころ[＊03]から急速に秦が頭角を現し、中国史上初の天下統一（華北と華中の統一）したのもこの時代。

インドも中国同様、永い戦乱時代から抜け出し、マウリア朝がインド史上初の天下統一（北インドと中部インドの統一）を成し遂げ、オリエントではアレクサンドロス大王が現れ、史上初めてギリシア文化圏とペルシア文化圏が統一されました。

移民とともにオリエント文明、消滅

新しい時代の到来は、旧い時代の消滅を意味します。

ローマが西地中海を制圧したのは、それまでここを押さえていたフェニキア支配の消滅を意味し、アレクサンドロス大王が大統一を成し遂げたことは、オリエント時代の終焉を意味しました。

アレクサンドロス大王は、自らの帝国《ヘゲモニア》を政治的にも文化的にも名実ともに〝統一〟するべく、各地に自分の名を冠した町を建設し［＊04］、ここを拠点としてギリシア人の移民を推進し、ペ

［＊01］古代「第6段階」。紀元前4世紀中頃～2世紀中頃。

［＊02］「春秋」が紀元前770～403年、「戦国」が紀元前403～221年で、計550年間。

［＊03］紀元前4世紀中頃の孝公（前361～前338年）の治世。

ルシア人女性との婚礼を奨励します［＊05］。

こうして〝移民〟とともに生まれたオリエント文明は〝移民〟とともに歴史から消えゆき、これに代わって新たに生まれたのが「ヘレニズム文明［＊06］」です。

中央アジアに現れたギリシア人移民の国「バクトリア」

ところで、「帝国《ヘゲモニア》」の中でもっとも治安が不安定だったのは、本国《マケドニア》からもっとも遠い位置にあって、領民の反発も強かったバクトリア［＊07］でした。

そこでアレクサンドロス大王は、特にこの地にはギリシア人の植民だけでなく、駐留軍として騎兵3500・歩兵1万5000もの兵を置きましたが、のちにこれが離反して独立してしまいます。

これが「バクトリア王国」です。

したがって、バクトリア王国は中央アジアの地にありながら「ギリシア人移民の国」なので、特に「グレコ《ギリシアの》・バクトリア王国」と呼ぶこともあります。

このバクトリア王国は、一時は中央アジアから北インドまで支配するほど強勢を誇ることになりましたが、オリエント世界が「移民によって生まれ、移民によって亡んでいった」ように、移民によって生まれたこの国もまた、移民によって滅んでいくことになります。

［＊04］　アレクサンドリア。当時、同名の町が70ヶ所以上造られましたが、現存しているのはエジプトのアレクサンドリアひとつのみ。あとは遺跡として発見されたものがいくつかあるだけで、ほとんどは場所すら定かではありません。

［＊05］　そうして植民されたギリシア人の多くはギリシア人傭兵や退役軍人でしたから、そうした名目の下、「統一戦争が終わったあとに邪魔になる軍人や不平分子を〝隔離〟したかった」という側面もあります。

［＊06］　「ギリシア風のペルシア文明」という意味。

［＊07］　中央アジアのアム川上流域。

気候の温暖化が本格化したことが、ユーラシアの東で武帝を、西でカエサルを生んだ。

匈奴族の誕生

ところで、スキタイから始まった騎馬文化はたちまちユーラシア草原《ステップ》を伝って東方へと拡がっていったことはすでに触れましたが、それが蒙古《モンゴル》高原にまで伝わって生まれた騎馬民族こそが「匈奴族《きょうど》」です。

そして、彼らが「騎馬」を武器として盛んに中国に侵寇してくるようになったのも、やはり温暖化が始まったころに一致します。

漢民族も騎乗できないわけではありませんが、物心つくころから騎乗に親しんでいる匈奴と、大人になってから付焼刃《つけやきば》で訓練しはじめた漢民族では相手になりません。

そのうえ、秦末のころには冒頓単于《ぼくとつぜんう》が現れ、史上初のモンゴル高原の統一を果たし（前209年）、脅威は高まるばかり。

そこで、楚漢戦争を制して漢王朝を建国（前202年）したばかりの劉邦は、この脅威を解消せんと、国内の地盤固めもそこそこ、32万という大軍を以《もっ》て冒頓単于《ぼくとつぜんう》率いる匈奴に決戦を挑みましたが、モノの見事に完敗します（前２００年 白登山の戦）。よもや、中国から遠く離れたところで起こった「馬に乗る」という〝小さな革新《イノベーション》〟が中国に激震を与えることになろうとは。

以降、漢は匈奴に対して、絹・酒・米・真綿などの毎年莫大な歳幣《さいへい》を［＊01］支払わされつづけることになったのでした。

漢の敗戦が民族大移動を誘発

この敗戦の影響は、歴史的に極めて重要な意義を持ちます。

中国が「初めて戎狄《じゅうてき》（匈奴）の属国扱いされた」出来事であると同時に、これを契機として「中央アジアを激震させる大民族移動の発端となった」事件であるためです。

じつは、莫大な歳幣《さいへい》を得た匈奴は、その潤沢な財源を背景としてその矛先を西へと向けまし

［＊01］中国と夷狄が〝兄弟の契〟を結んだうえで、毎年毎年支払わされる賠償金のこと。

中国が「君」の〝君臣の契〟の場合には「歳賜」、中国が「臣」の〝君臣の契〟の場合には「歳貢」と呼ばれます。

た。

当時、匈奴は東から順に漢王朝（中国）、月氏《げっし》（甘粛《カンスー》）、烏孫《うそん》（高昌《トルファン》）、塞《サカ》（イリ河畔）と国境《くにざかい》を接していましたが、漢を屈服させた匈奴［＊02］が次に狙ったのが、そのお隣の月氏《げっし》でした。

月氏《げっし》は散々に打ち破られたばかりか、王は討たれて髑髏《ドクロ》杯［＊03］とされ、民は逃げ惑って南の青海《チンハイ》に留まった者（小月氏）と西のイリ河畔まで逃げていった者（大月氏）に分かれてしまいます。

すでに学んでまいりましたように、ひとたび民族移動が起これば、移動先の社会・国家は大混乱に陥って次なる新たな民族移動を引き起こすため、ドミノ現象を起こしてその災厄は甚大となります。

このとき月氏《げっし》が西走した先（イリ河畔）に住んでいた塞《サカ》族は、押し出されるようにして西のソグディアナに移住しはじめたため、今度はその地に栄えていたバクトリア王国が大混乱に陥ります。

ところで、甘粛《カンスー》を押さえることに成功した匈奴は、次に高昌《トルファン》に目を付けたため、烏孫《うそん》もまた

［＊02］このころは冒頓の子・老上単于の御世。

［＊03］遊牧民の風習で敗将の髑髏で作った杯。織田信長はおそらく、どこかでこれを知って真似た（浅井・朝倉の髑髏杯）と思われますが、そうした風習のない日本では家臣団もドン引き。

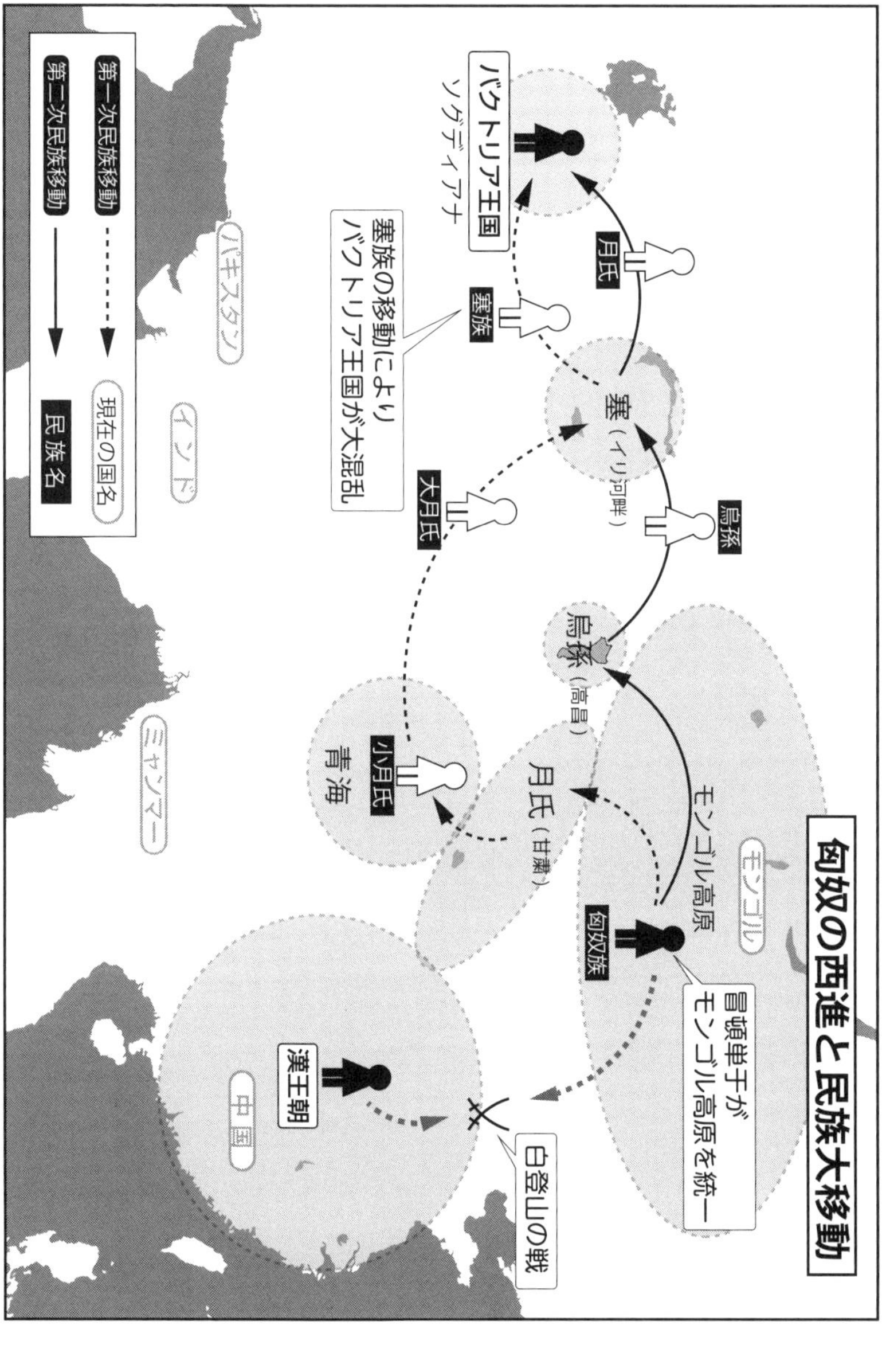
匈奴の西進と民族大移動
冒頓単于がモンゴル高原を統一
匈奴族
モンゴル高原
モンゴル
月氏（甘粛）
烏孫（高昌）
小月氏
青海
漢王朝
中国
白登山の戦
大月氏
塞（イリ河畔）
烏孫
塞族
月氏
バクトリア王国
ソグディアナ
塞族の移動によりバクトリア王国が大混乱
パキスタン
インド
ミャンマー
第一次民族移動
第二次民族移動
現在の国名
民族名

西遷してイリ河畔に民族移動を始めました。
ここはつい先ほど月氏《げっし》が塞《サカ》を追い出して定着したばかりの地です。
因果応報か、今度は月氏《げっし》たちが押し出されてソグディアナに逃れることになりました。

（蒙古高原）　（甘粛）　（高昌）　（イリ河畔）　（ソグディアナ）
・第1次民族移動 ＝ 匈奴 → 月氏《げっし》 → 塞《サカ》 → バクトリア王国
・第2次民族移動 ＝ 匈奴 → 烏孫《うそん》 → 月氏《げっし》 → バクトリア王国

こうして、「中国が匈奴に敗れた（白登山の戦）」――という極東で起こった出来事が匈奴に力を与え、それが民族移動の〝ドミノ倒し〟を引き起こして、中央アジアを大混乱に陥れ、そこで覇を唱えていたバクトリア王国を亡ぼすことになってしまったのでした。

民族移動の余波はインド、そして世界へ

しかも、この激震はそれだけに留まりません。
バクトリアが滅亡したあと、ソグディアナ地方はなかなか安定せず、大夏《トハリスタン》[＊04]、大月氏と短期政権がつづきます。

しかしながら、クシャーナ朝が現れたころようやく安定し、バクトリア王国以来の強勢を誇るようになって、中央アジアから北インドに跨《またが》る大帝国を築きあげることになりました。白登山で漢朝が匈奴に敗れさえしなければ、クシャーナ朝もまた存在し得なかったわけですから、白登山の勝敗は、巡り巡ってついにインドまで及んだことになります。

しかし、これだけでも終わりません。

クシャーナ朝がインドを支配下に置き、仏教に触れたことでさらに歴史が大きくうねることになったためです。

そもそも〝仏教〟というものはもともと「インドの歴史と文化を揺籃として生まれ、インド特有の社会に深く根を張った、インド人のための民族宗教」です。

異民族たるクシャーナ人の肌に合わない、理解できない部分が出てくるのは当然ですが、その擂《す》り寄せとして、自分たちの価値観を仏教に合わせるのではなく、仏教の方を自分たちの価値観に合わせてしまいます。

こうして生まれたものが〝異民族価値観に基づいた新解釈の仏教〟すなわち「大乗仏教」です［＊05］。

［＊04］謎多き国で、「大夏」というのも中国人による呼称にすぎず、正式な国号すら不明。おそらくはイラン系トハラ人の国。統一王朝ではなく「諸侯連合」といった体でバクトリア崩壊後のソグディアナ地方を短期間支配した。

これにより、仏陀の説いた「難解ではあるけれども高潔深遠な教え」は〝意味など理解しなくてもただ唱える（念仏）だけ、それまで禁忌《タブー》だった仏像を拝む（偶像崇拝）［＊06］だけですべての者は救われる（衆生済度）〟という念仏宗教に堕落してしまいました。

しかし、「利点《メリット》と欠点《デメリット》は表裏一体」。

仏教の真髄部分が〝骨抜き〟にされたことで、仏教は難解性から解放されて大衆化し、民族宗教から「世界宗教」へと脱皮することが可能となります。

仏教がインド世界から飛び出し、東アジア世界全体に拡がることが可能になったのはそのためです。

現在、我が国に大乗仏教が伝わったのも、事の始まりは民族移動の賜《たまもの》だったというわけです。

［＊05］クシャーナ朝支配の前からすでにインドにあった部派仏教の一派「大衆部」を源流とする説もありますが、そうだとしても大乗仏教の成立に王朝の意向が組み込まれていることは間違いないでしょう。

［＊06］ただし、仏陀も直接的にこれを禁ずる言葉を残していません。なんとなれば、「禁止する」「しない」以前に、当時、当然のこととして誰ひとり偶像崇拝などという愚行を犯す者などいなかったためです。ただ「自らを依りどころとし、法を依りどころとして、他を依りどころとする勿れ」と間接的に偶像崇拝を戒めています。

第3章 古代から中世へ

古代の幕引きと中世の幕開けも〝移民〟とともに始まった！

欧州《ヨーロッパ》「古代」は東アジアからの〝災い〟で跪《ひざまづ》き、西アジアからの〝災い〟で倒れ、「中世」へと向かう。

匈奴、歴史の渦に消えゆく

紀元元年を中心として ±《プラスマイナス》200年、計400年ほど温暖期に入り、これを背景にしてユーラシア大陸に4つの覇権国家が大陸を横断するように並び立つことになります。

それが東から順に、漢朝（東アジア）、クシャーナ朝（中央アジア）、パルティア王国（西アジア）、そしてローマ帝国《インペリウム》（ヨーロッパ）です。

しかしその煽《あお》りを喰らい、第2章で漢を跪《ひざまづ》かせ、中央アジアに激震を与えた匈奴が弱体化していくことになりました。

冒頓単于《ぼくとつぜんう》から数えて150年もすると、ついに匈奴は東（弟・呼韓邪単于《こかんやぜんう》）と西（兄・郅支単于《しっしぜんう》）に分裂（紀元前56年）し、西匈奴もわずか20年で滅亡。

東匈奴は分裂から100年ほど保《も》ちましたが、その後さらに北と南に分裂（紀元後48年）して弱体化していきました。

北匈奴は半世紀と保《も》ち堪《こた》えることができずに西走（紀元後91年）し、まもなく中国の史書から姿を消し［＊01］、南匈奴もほどなく中国に同化［＊02］して、ここにおいてついに「匈奴」の名は完全に史書から消えていきました。

このように、大陸の歴史を紐解《ひもと》くと「遊牧民国家」と「農耕民王朝」が覇権交替していることに気づきます。

移民の法則⑧

地球が寒冷化すると、飢えた遊牧民が民族移動を繰り返して各地を暴れまわり、温暖化すると、農耕民がこれを抑えて覇を唱える。

イスラームを代表する歴史家イヴン・ハルドゥーン［＊03］もこの事実に気づきましたが、そ

［＊01］　中国の史書で最後に「北匈奴」が登場するのは、『後漢書』で、2世紀中頃には天山山脈の北まで西走した、とあります。

［＊02］　たとえば、三国時代初期の人物で「人中にその人あり」と謳われた呂布は、その出身地（幷州五原郡）からしても、馬を操る巧みさからしても、体の大きさからしてもおそらくは南匈奴人ですが、もはや漢民族となんら区別なく扱われています。西晋王朝を亡ぼし、「五胡十六国時代」を切り拓いたのも南匈奴族。

の原因がわからなかったため、彼はこれを部族間の「連帯意識《アサビーヤ》」を以て説明しようとしました（アサビーヤ論）が、じつはその背景には、当時まだ知られていなかった「気候変動」があったわけです。

閑話休題《ところで》。

こうして匈奴は史書から消えていきましたが、史書から見えなくなったからと言って、彼ら民族がこの地上から霧のように消えたわけではありません。

では、彼らはどこに行ったのでしょうか。

蒙古《モンゴル》高原を追われた匈奴はヨーロッパへ

じつのところ、このさきの匈奴の足取りは学問的には判然としていません。

一説には、匈奴が衰えたのち蒙古《モンゴル》高原を制覇した「鮮卑族」に吸収され、民族としての個性を失っていったといわれていますが、もうひとつ有力な説があります。

じつは、彼らが消息を絶ってから200年後の4世紀の中頃、欧州《ヨーロッパ》に「神による災い」が襲いかかりました。

それこそがあの有名な「フン族」です。

これにより欧州《ヨーロッパ》の歴史に激震が走ることになりましたが、一説にはこのフン族こそ、北匈奴の末裔だと言われてます。

様々な検証から、フン族は北匈奴の〝純血《サラブレッド》〟ではなかったかもしれませんが、彼らが中央アジアを西進する中で各地の民族と混血しながら成立した〝雑種《ハイブリッド》〟だった可能性は高く、まったく無関係だったとは考えにくいものがあります。

そしてこの「フン族の侵寇」こそが、欧州《ヨーロッパ》の「古代」を終わらせ、「中世」をもたらせるひとつの大きな要因となります。

古代は「移民（民族移動）」によって生まれたことはすでに学んでまいりましたが、その古代を終わらせ、中世を生んだのも、やはり「移民」だったのです。

寒冷期と温暖期に翻弄される大国

じつは、400年にわたって大帝国を支えてきた温暖期も、3世紀に入るとふたたび寒冷期《イベント1》［＊04］に向かっていきました。

［＊03］14世紀のチュニジア（当時ハフス朝支配）出身の歴史家。『歴史序説』を著したことで有名。
［＊04］3〜7世紀までの約500年間（イベント1）でもっとも冷え込んだのが6世紀ごろ。

すると、「移民の法則⑧」通り、温暖期に覇を唱えたユーラシア四大国はひとたまりもなく瓦解していき、漢朝・クシャーナ朝・パルティア王国は早々に滅亡、ローマ帝国《インペリウム》は滅亡こそ免れたものの、「軍人皇帝時代」という収拾のつかない混乱期に入ります。

そしてこれらに代わって遊牧民が力をつけ、4世紀には、東アジア世界で五胡［＊05］が猛威を振るい、中央アジアでは白匈奴《エフタル》がササン朝とグプタ朝を圧迫し、欧州《ヨーロッパ》には北匈奴の末裔と思しきフン族が暴れることになります。

ヨーロッパ、古代の終焉

当時の欧州《ヨーロッパ》半島［＊06］は、大きくライン川・ドナウ川を挟んで南がラテン文化圏（ローマ帝国）、北がゲルマン文化圏（ゲルマン諸族）に分かれていましたが、フン族は主にゲルマン文化圏（ドナウ以北・ライン以西）に拡がっていきました。

このため大混乱に陥ったゲルマン諸族はフン族に押し出されるようにして民族移動を起こします［＊07］。

これがあの有名な「ゲルマン民族の大移動」です。

彼らはライン川・ドナウ川を越えてローマ帝国《インペリウム》領内に侵入しましたが、このときの帝国《インペリウム》はすでに打ちつづく内乱で末期症状を呈しており、これに抵抗する力なく。

ゲルマン移動が始まった20年後には東西に分裂し、さらにその80年後には西ローマ帝国《インペリウム》が滅亡し、その故地にはゲルマン諸国が生まれていきました。

こうして温暖期に急速に発展した古代ローマは、寒冷期に入って亡びゆき、時代は急速に新時代「中世」への移行期に入っていきます。

しかし、本格的な「中世」の幕開けにはもうひと押しが必要でした。

ヨーロッパ、中世の開幕

ところで、7世紀初頭、アラビア半島の片隅にひとつの新興宗教が生まれました。

それこそが「イスラーム」です。

この時機《タイミング》でイスラームが生まれたのは、当時の政治的・経済的・社会的な要因［＊08］が複合的に絡まってのものでしたが、それがたまたま「寒冷期《イベント1》」の最寒期［＊09］と重なったことは、

［＊05］北方民族の「匈奴」「羯」「鮮卑」と、チベット系の「氐」「羌」の総称。

［＊06］一般に「ヨーロッパ大陸」などと大仰に呼ばれていますが、これはヨーロッパ人が虚勢を張って勝手に言っているだけで、地質学的には、ユーラシア大陸の西の果てにへばりついた、紛れもなき「半島」です。

［＊07］ひとつの民族移動が起これば、ドミノ式に大規模な民族移動を引き起こすことはすでに何度も見てまいりました。

人類史に大きな意味を持つことになりました。

宗教的熱狂と軍事的過剰［＊10］の中で寒期による飢えが襲えば、彼らが次に取る行動は決まっています。

時の指導者《カリフ》ウマールは叫びました。

――あなたたちはこのヒジャーズ［＊11］にすら安住の地を持たぬ。

神《アッラー》はキスラーやカイサル［＊12］を与えると約束された。

さあ、攻め取ろうではないか！

アラビア半島のうちもっとも豊かなヒジャーズ地方ですら〝安住の地〟とならぬのは、それほど寒期が厳しかったと考えられます。

「なければ他所《よそ》から奪え！」が遊牧民共通の価値観です。

こうしてイスラームの侵寇が始まりました。


［＊08］これについて解説を加えようといたしますと、多くの紙幅を割かねばならなくなるうえ本旨から外れてしまうため、ここでは触れません。興味のある方は、拙著『世界史劇場 イスラーム世界の起源』（ベレ出版）をご覧ください。

［＊09］3世紀ごろからすでに始まっていた寒冷期「イベント」が7世紀頃、急激に気温を下げていました。

［＊10］アラビア半島統一のために抱えた軍事力を、統一達成後、持て余すようになっていました。

［＊11］アラビア半島のうち紅海と山脈に挟まれた西海岸地方。ちなみに、メッカやメディナもここにあります。

［＊12］彼らはサーサーン朝のことを「キスラー（ホスローの意）」、ビザンツ帝国のことを「カイサル（皇帝の意）」と呼びました。

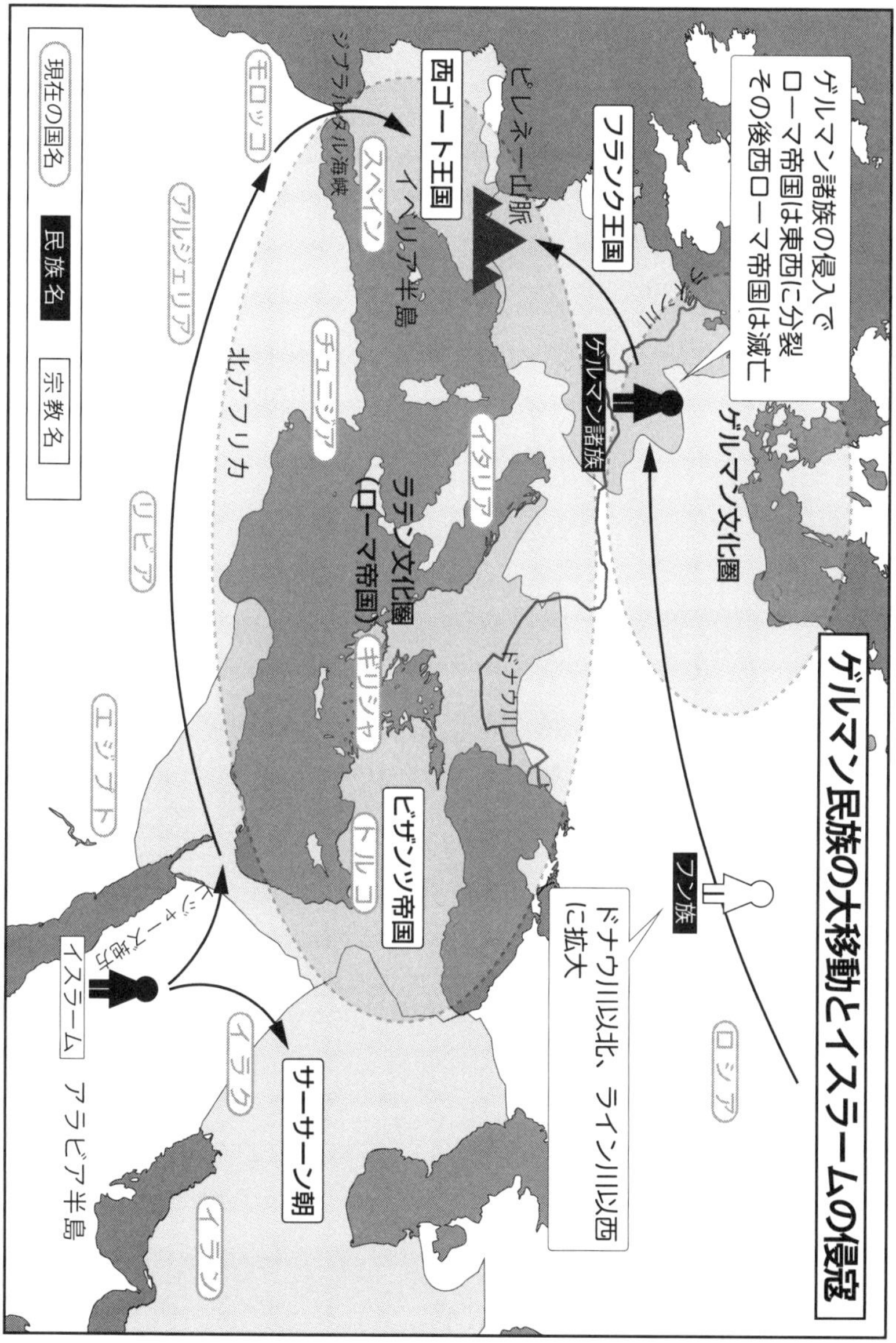
ゲルマン民族の大移動とイスラームの侵寇
ゲルマン諸族の侵入で
ローマ帝国は東西に分裂
その後西ローマ帝国は滅亡
フランク王国
ライン川
ゲルマン諸族
ゲルマン文化圏
西ゴート王国
ピレネー山脈
イベリア半島
スペイン
ジブラルタル海峡
モロッコ
アルジェリア
チュニジア
北アフリカ
イタリア
ラテン文化圏
（ローマ帝国）
ギリシャ
ドナウ川
ビザンツ帝国
トルコ
リビア
エジプト
フン族
ドナウ川以北、ライン川以西
に拡大
ロシア
イスラーム
サーサーン朝
イラク
イラン
アラビア半島
現在の国名
民族名
宗教名

たった4人の信者から始まった教団は瞬《また》く間にビザンツ帝国《インペリウム》の手足を捥《も》ぎ［＊13］、サーサーン朝を亡ぼして［＊14］いきました。

彼らは征服地に植民しながら、さらに西へと足場を拡げ、北アフリカを制覇したばかりかジブラルタル海峡をも乗り越え、欧州《ヨーロッパ》半島を西から脅かし、当時イベリア半島に君臨していた西ゴート王国《レグヌム》をも亡ぼします［＊15］。

この間、イスラームが生まれてよりわずか100年。

このころ西欧《ウェスタン》では、西ローマ帝国《インペリウム》に代わってフランク王国《ロワイヨーム》が覇を唱え、時のローマ教皇レオ3世から戴冠を受けて〝西ローマ帝国《インペリウム》〟を称していましたが、その東を見れば、ビザンツ帝国《インペリウム》はイスラームに手足をもがれて気息奄々《えんえん》。

西を見れば、西ゴート王国《レグヌム》があっさり亡ぼされ、さらにピレネー山脈を越えて迫る。

このときばかりはなんとか撃退［＊16］したものの、フランクは東西からイスラームに睨《にら》まれ、緊迫した状況は変わりません。

さらに深刻なことに、イスラームが騎兵［＊17］中心だったのに対してフランクは歩兵中心。

スキタイのところでも触れましたように、騎兵と歩兵では話になりません。

——今回は地の利を得て運よく撃退できたが、次はどうなるか。

やつらに対抗するためには、我が国も騎兵《ナイト》［＊17］を養成せねば！

こうしてフランク（西欧）では、国を挙げて「騎兵《ナイト》養成」にとりかかりますが、騎兵《ナイト》を養成するためには従来の〝古代的社会構造《システム》〟では不可能で、それを可能たらしめる新しい社会構造《システム》を構築しなければなりません。

　こうした差し迫った必要性から生まれたのが「封建制《フューダリズム》」です。

以降、西欧《ウエスタン》は本格的に「中世」へと邁進していくことになりますが、もし、あのときムハンマドが大天使《ジブリール》の声を聞いていなかったら。

そうすれば、イスラーム帝国《カリフェイト》が生まれることもなく、そうなれば、イスラームがヨーロッパに侵寇と植民を行うこともなかったでしょう。

そうなれば、ヨーロッパに封建制《フューダリズム》が生まれることもなく、この体制を基盤として絶頂期を迎えたカール《シャルル》大帝《マーニュ》の存在もあり得ませんでした。

――ムハンマドなくしてカール《シャルル》大帝《マーニュ》なし［＊18］――

［＊13］636年にヤルムークの戦でシリアを、641年にはアレクサンドリアを陥としてエジプトを制圧。

［＊14］636年にカーディシーヤの戦でメソポタミアを、642年にはニハーヴァントの戦でイランを併呑。

［＊15］711年、ヘレス・デ・ラ・フロンテーラの戦。

［＊16］732年、トゥール・ポワティエ間の戦。永らくフランク軍の大勝利と語られてきましたが、最近の研究では、むしろフランク軍の方が壊滅寸前まで追い込まれており、イスラームは敗走ではなく、あくまで〝整然とした戦略的撤退〟だったとする説が濃厚になっています。ただし、撤退理由は、「ラマダーン説」「兵站説」「司令官戦死説」などさまざまあって不明。

［＊17］騎兵は騎兵でも、ヨーロッパは馬に乗って戦う「騎馬兵」、イスラームはラクダに乗って戦う「騎駱兵」という違いはありましたが。

こうして中世が幕を開けたのでした。

因果は廻《めぐ》る

ところで。

ここまでの歴史を紐解いてきて、歴史が大きくうねるとき、いつもその〝災い〟は「外」からやってくるという共通点を見出すことができます。

たとえば、仏教が変質したのは、インドから遠く離れた極東の一局地戦（白登山の戦）が原因でした。

ローマ帝国《インペリウム》が解体したのは、欧州《ヨーロッパ》から遠く離れた匈奴帝国の解体が原因でした。

そして今回、欧州《ヨーロッパ》に「中世」を切り拓かせた原因も、やはり〝外〟からやってきました。

その第一弾が「フン族」であり、第二弾が「イスラーム」です。

そして、その遠く離れた〝原因〟と〝結果〟をつなげたのはいつも「民族移動（移民）」です。

我々の住まうこの宇宙は、どこかで〝偏在〟〝秩序《コスモス》〟が生まれれば、かならず〝均質〟〝混沌《カオス》〟に向かおうとする作用が働きます。

これを「エントロピー増大則［＊19］」といい、たとえば、鉄アレイの片方の鉄球を熱すれば、熱が持ち手の部分を伝わって、両方の鉄球が同じ温度になりますが、これも「エントロピー増大則」が働いているからです。

これを地球規模で大きく見ても、地球のどこかで熱が溜まると、かならずそれを冷たい地域に運ぼうとする力が働きますが、それが「台風」です。

ですから、台風が甚大な被害を出すからといって、これを科学の力で封じ込めようとするのは愚の極みで、仮そんなことができたとして、台風を封じ込めてしまったら、エントロピーは縮小しつづけることになるため、その先に待っているのは台風被害など及びもしない〝破滅《カタストロフ》〟です。

こうした法則性は社会にも適用でき、そのどこかで貧困・混乱（エントロピーの縮小）が生まれれば、かならずそれを〝均質化〟しようとする〝作用（エントロピー増大則）〟が働きます。

その作用のひとつが「移民」なのです。

［＊18］所謂「ピレンヌ・テーゼ」。ベルギーの史家H・ピレンヌが『ヨーロッパ世界の誕生 ～ムハンマドとシャルルマーニュ～』の中で主張しましたが、異論も多い。

［＊19］もともと熱力学の分野から生まれた理論なので「熱力学第二法則」ともいいますが、物理学・化学などの自然科学はもちろん、政治学・経済学などの社会科学、歴史学などの人文科学にも通用する、極めて普遍的な理論です。

移民の法則⑨

「エントロピー増大則」は社会科学にも働き、社会の中に「偏在」が生まれれば、これを「均質」に向かわせる力が働く。その姿のひとつが「民族移動」である。

たしかに民族移動《イミグレイト》は、社会・国家・文化・民族を破壊し、多くの殺戮が行われ、悲劇が生まれますから、やられる側からすれば災難以外の何物でもありませんが、そもそも民族移動が起こるのは、人間社会がエントロピーを増大させようとする〝動き〟そのものですから、「台風」同様、これを食い止めることはできません。

フン族の第一撃、イスラームの第二撃を経て、ノルマンの第三撃で欧州《ヨーロッパ》は中世へ移行する。

現代の欧州《ヨーロッパ》主要諸国を生んだ民族移動

ほんの少し前まで地中海を「我らが海《マーレノストゥルム》」としていた古代ローマ帝国《インペリウム》がフン族の一撃で解体し、さらにイスラームの〝第二撃〟で地中海の制海権まで失ってしまいました。

これにより地中海貿易は途絶して、西欧《イースタン》経済は大きく停滞しましたが、このころはまだ北海・バルト海貿易が健在だったため、まだかろうじて貨幣経済はつづいていました。

ところが9世紀に入ると、欧州《ヨーロッパ》にダメ押しの〝第三撃〟が襲います。

しかし、このことについて理解するためには、時を2500年ほど遡《さかのぼ》って説明しなければなりません。

すでに我々は、紀元前2000年ごろに襲いかかった寒冷期《イベント3》によってユーラシア大陸規模でアーリア系が大民族移動をしたことを学んできました。

そのうちもっとも西へ移動し、〝原ヨーロッパ人[*01]〟を駆逐あるいは混血して欧州《ヨーロッパ》半島に

入植したアーリア系が現在のヨーロッパ人の祖型となり、その民族配置は欧州《ヨーロッパ》半島を東西に分けて、
東部に、北から順にバルト人・スラヴ人・アカイア人［＊02］、
西部に、北から順にゲルマン人・ケルト人・ラテン人［＊03］となります。
いったんはこれで落ち着いたかに見えましたが、紀元前8世紀ごろ［＊04］寒冷期が襲いかかったことでゲルマン人が南下移住を始め、その南に定住していたケルト人を圧迫します。
ケルト人は押し出されるようにして欧州《ヨーロッパ》半島を四方八方に分散しはじめましたが、中でも南へ移動した人々［＊05］はさらにその南のラテン人を圧迫。
例によってひとつの民族移動が〝ドミノ現象〟を起こし、一時はラテン人の拠点ローマが蹂《じゅう》躙《りん》され、「ローマ共和国」は滅亡寸前まで追い込まれています。

［＊01］アーリア系がヨーロッパに入植する以前からすでにヨーロッパに住んでいた人々の総称。原ヨーロッパ人について詳しいことはほとんどわかっていません。何かと謎の多いバスク人は原ヨーロッパ人の末裔とも言われています。

［＊02］北部は「バルト海沿岸一帯」、中部は「ドニエプル川中流域」、南部は「バルカン半島南部」。

［＊03］北部は「現在の北欧三国の沿岸部」、中部は「ライン川〜ドナウ川上流一帯」、南部は「イタリア半島中部」。

［＊04］すでに学んでまいりました、スキタイが騎馬を覚え、ギリシア人が大植民活動を始め、周が犬戎に逐われて東遷した、あの寒冷期「イベント2」の最寒期に当たります。

［＊05］彼らはラテン人から「ガリア人」と呼ばれました。

また、北へ移住していったケルト人は、ライン川を下り、海峡《ドーバー》を越え、ブリテン島（現イギリス本土）に渡ってここを新たな安住の地としました。

「中世」を決定づけた民族移動〝第三撃〟

ところで、「所変われば品変わる」という言葉があるように、同じ民族であっても住む土地・環境が変われば風俗・習慣も変わってくるもの。

もともとは同じゲルマン人だった彼らも、南下して現在のドイツに住むようになった者たちと、故地（北海・バルト海の沿岸地域）を離れなかった者たちでは徐々に民族性に相違が生まれはじめました。

そのため、残留組を「北方ゲルマン（ノルマン）」、南下組を「（南方）ゲルマン」と区別して呼ぶようになりました[＊06]が、「欧州《ヨーロッパ》にダメ押しの〝第三撃〟」となった民族こそ、このノルマン人です。

[＊06] 通常、北方ゲルマン（North German）はこれを略した「ノルマン（Norman）」、南方ゲルマンは「南方」を付けずにそのまま「ゲルマン」と呼ぶことが多い。

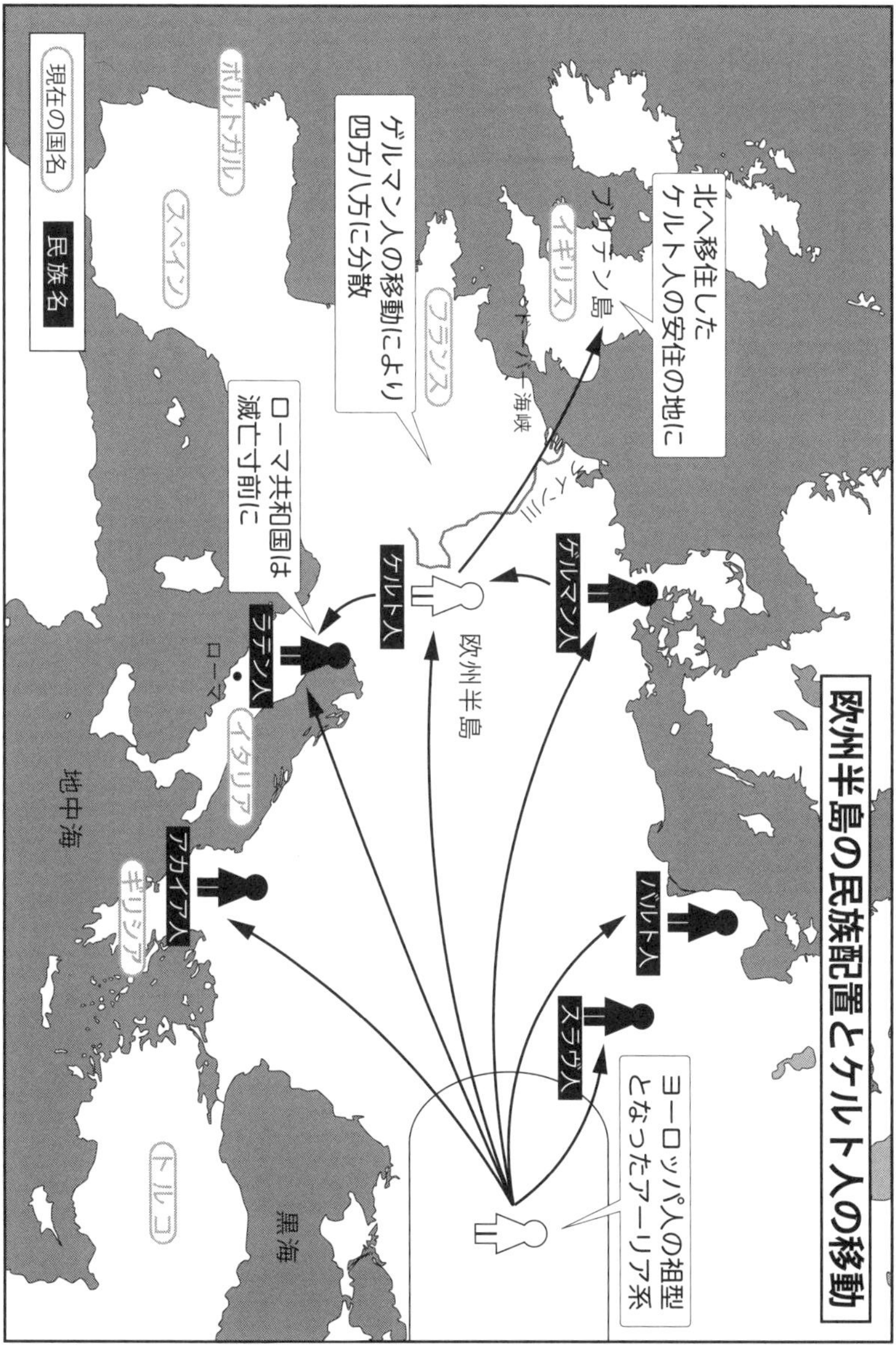
欧州半島の民族配置とケルト人の移動
現在の国名
民族名
ポルトガル
スペイン
フランス
イギリス
ブリテン島
ドーバー海峡
ライン川
北へ移住したケルト人の安住の地に
ゲルマン人の移動により四方八方に分散
ローマ共和国は滅亡寸前に
ケルト人
ゲルマン人
ラテン人
ローマ
イタリア
欧州半島
アカイア人
ギリシア
地中海
バルト人
スラヴ人
ヨーロッパ人の祖型となったアーリア系
トルコ
黒海

じつは、ローマ帝国《インペリウム》を亡ぼした「寒冷期《イベント1》」は7世紀以降温暖化に向かったため、これを背景としてノルマン人も順調に人口を増やしていたのですが、9世紀に入ると突如として急激な寒波［＊07］が襲いかかります。

これにより、小麦栽培の北限が大幅に南下し、大凶作が吹き荒れ、北欧に飢餓が襲いかかるに至り、先の寒冷期《イベント2》には動かなかった彼らもついに耐えられなくなり、北海・バルト海を中心に「海賊《ヴァイキング》［＊08］」として掠奪《りゃくだつ》行為を繰り返すと同時に、新天地を目指して植民も行うようになります。

ノルマン人はノール人・デーン人・スウェード人［＊09］の3派に分かれていましたが、それぞれが民族移動を行った結果、スウェード人はロシアに植民してノヴゴロド公国（ロシアの祖型）を建て、ノール人は北フランスに植民してノルマンディー公国、南イタリアでは両シチリア王国を建て、デーン人はイギリスに植民してイギリス王位を簒奪《さんだつ》してデーン朝を創始し、このころ現在の欧州《ヨーロッパ》主要諸国が出揃いました。

［＊07］　859年にライン川が凍結したとの文献が発見されています。
［＊08］　一般的に海賊は「パイレーツ」ですが、このころ北海・バルト海を暴れた海賊は特に「ヴァイキング」と呼びます。
［＊09］　それぞれ、現在のノルウェー人・デンマーク人・スウェーデン人の祖先。

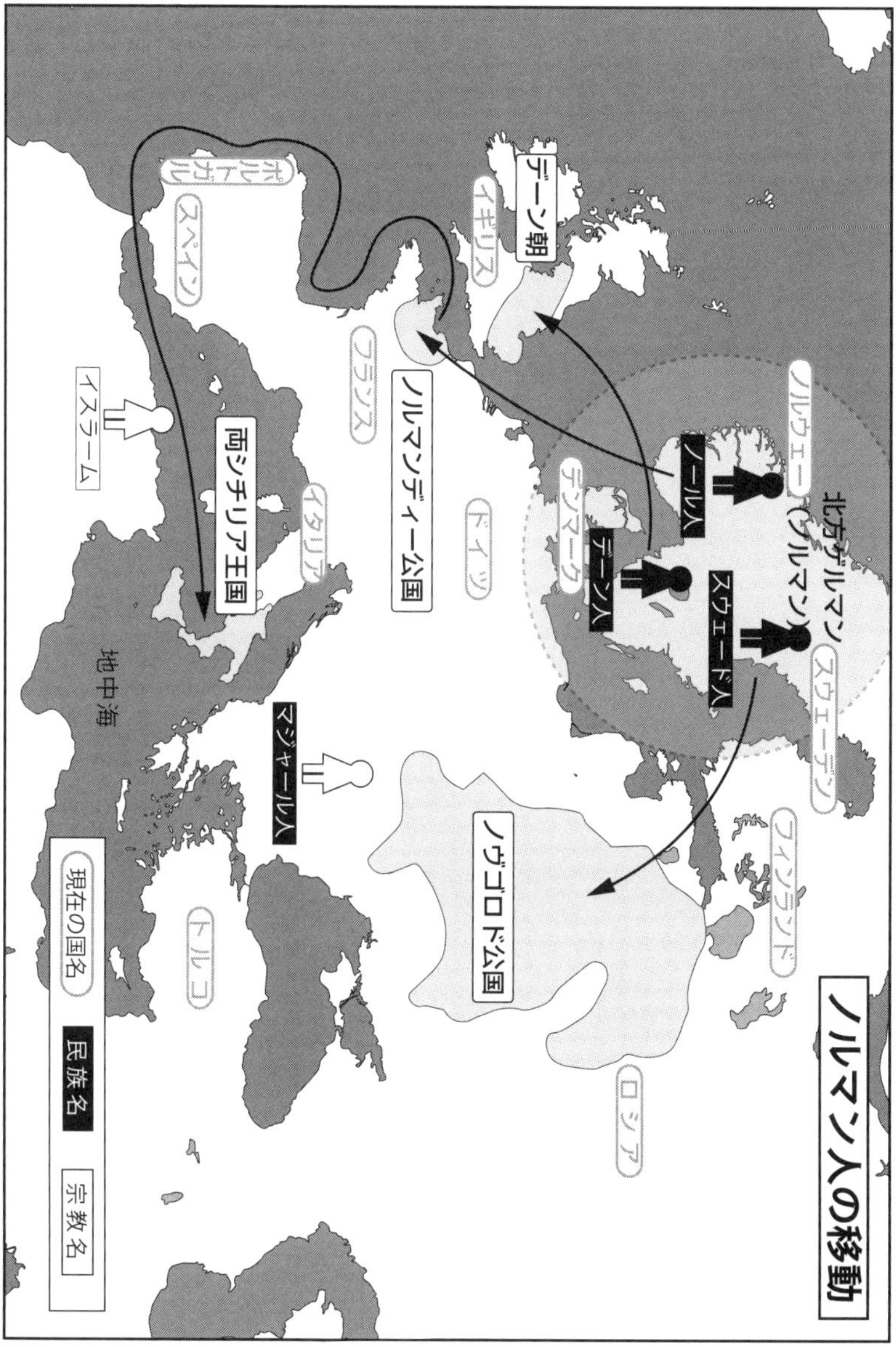

ノルマン人の移動
北方ゲルマン（ノルマン）
ノルウェー
スウェーデン
デンマーク
フィンランド
ロシア
ノール人
デーン人
スウェード人
ノヴゴロド公国
デーン朝
イギリス
ノルマンディー公国
フランス
ドイツ
ポルトガル
スペイン
イタリア
両シチリア王国
イスラーム
マジャール人
トルコ
地中海
現在の国名
民族名
宗教名

そのうえ、北欧にノルマン人の猛威が吹き荒れていたちょうどそのころ、東欧では、4世紀のフン族、6世紀のアヴァール人につづき、マジャール人が侵寇[＊10]。

こうして、北はノルマン人、東はマジャール人、そして南はイスラームが暴れたため、外からの交易品は途絶し、西欧《ウェスタン》は完全に〝陸の孤島〟状態となって貨幣経済は断絶、彼らは自給自足を余儀なくされるようになります。

そうなれば、こうした情勢に合わせた新しい政治・社会・経済の体制が求められます。

それが「封建体制《フューダリズム》」です。

こうして西欧《ウェスタン》は本格的な「中世」へと踏み出していくことになったのでした。

古代が移民によって生まれ、移民によって崩壊したように、中世も移民によって生まれたのです。

［＊10］　このフン族・アヴァール人・マジャール人の3民族は、いずれも「アジア系であること」「寒冷期に東欧に侵寇してきたこと」「現在のハンガリーに定住したこと」という共通点を持ちます。

8世紀の〝寒の戻り〟を過ぎ、地球はふたたび温暖化、12世紀にはヨーロッパが拡大しはじめた。

ヨーロッパ拡大の時代

こうして「9世紀の大寒波」は、欧州《ヨーロッパ》においてノルマン人とマジャール人の侵寇を招いて中世へと向かわせただけでなく、北アジアでは回紇《ウイグル》、東アジアでは唐朝を亡ぼし［＊01］、西アジアではアッバース朝、南海では室利仏逝《シュリーヴィジャヤ》、中米ではマヤ文明を衰退［＊02］させるという、人類史に甚大な影響を及ぼしましたが、これは言わば〝寒の戻り〟のようなもので、基本的に7～14世紀までは温暖な時代がつづきます。

これを背景として、10世紀には三圃《さんぽ》制、11世紀には重量有輪犂《すき》が導入されて飛躍的に農業生産力が高まり［＊03］、12世紀を中心として「大開墾時代［＊04］」を迎えました。

こうして人口が増え、余剰物資が生まれるようになると、そのみなぎる力を〝外〟に吐き出そうとするのは自然の流れ。

それが形となって表れたものが、東北へは「東方植民《オストジードルンク》」、南西へは「再征服運動《レコンキスタ》」、南東へは「十字軍《クルーセイド》」です。
経済的には貨幣経済が復活し、東方貿易《レヴァント》が活性化し、途絶えていた商業が復活[＊05]しはじめます。

スラヴ世界への拡張、「東方植民《オストジードルンク》」

寒冷期《イベント2》の紀元前8世紀ごろ、ゲルマン系の一部が最初に棲みついた北欧を棄てて南下を始めたことはすでに述べましたが、このときに彼らが〝新天地〟としたのはエルベ・ライン河間[＊06]

[＊01]　9世紀中頃になると、唐朝は各地で裘甫の乱（859～860年）、龐勛の乱（868～869年）などの反乱が相次ぎ、最後は、黄巣の乱（875～884年）を契機として滅亡に向かいました。唐朝滅亡後もなかなか統一王朝が現れず、半世紀ほど動乱の世（五代十国時代）がつづきます。

[＊02]　アッバース朝もシュリーヴィジャヤ王国もマヤ文明も、8世紀ごろに絶頂を極めていましたが、ことごとく9世紀に入るとともに急速に飢饉や戦乱が相次ぐようになって衰退していきました。タイミング的に考えても、このときの寒冷化が大きな要因のひとつであったことは間違いないでしょう。

[＊03]　これを「中世農業革命」といいます。

[＊04]　オランダの国土の4分の1が干拓地（ポルダー）であることは有名ですが、これもこのころから始まったものです。

[＊05]　これを「商業ルネッサンス」といいます。

でした。

それまでエルベ川を挟んで河西がゲルマン文化圏、河東がスラヴ文化圏でしたが、彼ら《ゲルマン》はついにエルベ川を越えて、スラヴ世界へと植民を始めたのです。

これを「東方植民《オスト ジードルンク》」といい、14世紀までに旧東ドイツ、ポンメルン・プロイセン・シュレジエン地方にゲルマン人が入植していくことになります。

近代ドイツの原型はこうして生まれたのでした。

イスラームへの拡張、「再征服運動《レコンキスタ》」と「十字軍《クルーセイド》」

欧州《ヨーロッパ》は、寒冷期《イベント1》に襲いかかってきたイスラームに永らく東西から挟み撃ちにされる格好になっていましたが、この温暖期に反攻に出ます。

その反攻が東に表れたものが「十字軍《クルーセイド》」であり、西に表れたものが「再征服運動《レコンキスタ》」です。

7次、200年にわたり、教皇の威信をかけて戦った十字軍《クルーセイド》は最終的に失敗に終わったものの、再征服運動《レコンキスタ》は300年かけて［＊07］ついに目的を達成します。

［＊06］ほぼ、現在のオランダ・旧西ドイツ・オーストリアのあたり。
［＊07］レコンキスタは、理念上は8世紀初頭から始まっていますが、本格化したのはこのころからです。

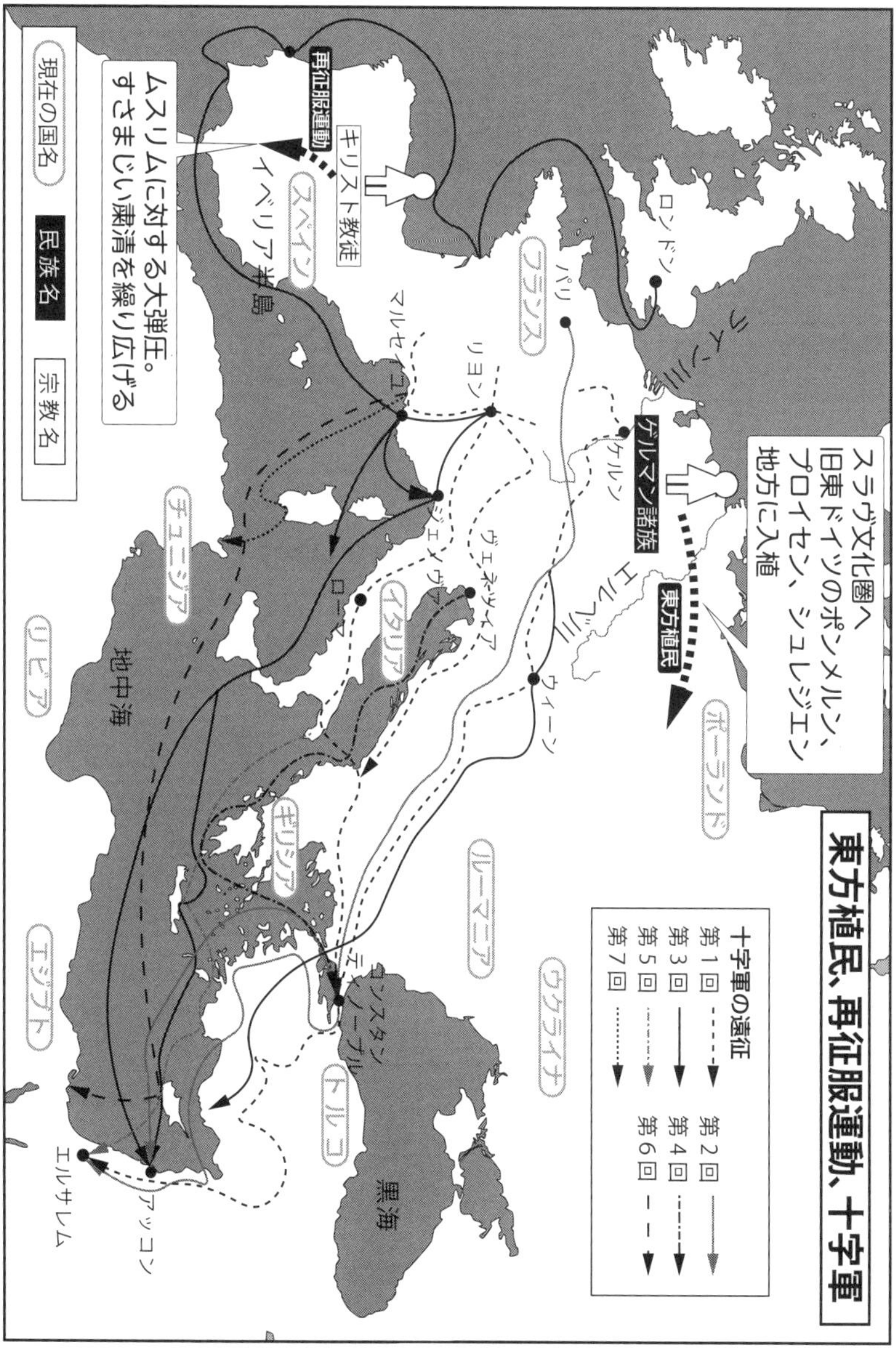
東方植民、再征服運動、十字軍
十字軍の遠征
第1回
第2回
第3回
第4回
第5回
第6回
第7回
スラヴ文化圏へ
旧東ドイツのポンメルン、プロイセン、シュレジエン地方に入植
東方植民
ゲルマン諸族
ムスリムに対する大弾圧。すさまじい粛清を繰り広げる
再征服運動
キリスト教徒
イベリア半島
現在の国名
民族名
宗教名
ロンドン
パリ
ケルン
リヨン
マルセイユ
ジェノヴァ
ヴェネツィア
ローマ
ウィーン
コンスタンティノープル
アッコン
エルサレム
地中海
黒海
スペイン
フランス
イタリア
ギリシア
チュニジア
リビア
エジプト
トルコ
ルーマニア
ウクライナ
ポーランド

800年前、ムスリム［＊08］がイベリア半島を支配したときには、キリスト教徒に対して信教の自由を与え、安堵《あんど》［＊09］したものでしたが、立場が逆転するや、キリスト教徒はムスリムに対して「改宗か、追放か」の二者択一《オルターナティブ》を突きつけ、これに従わないものには大弾圧を以て臨み、すさまじい粛清が繰り広げられました。

改宗に応じた者（モリスコ）にも魔の手は及び、〝真の改宗者〟かを審議するため「異端審問」にかけ、拷問の末に〝自白〟させて処刑していきました。

こうして再征服運動《レコンキスタ》が成功したことは、歴史的に重大な意味を持つことになります。

800年の永きにわたってこの地を支配してきたムスリムはほとんどイベリア半島から駆逐され［＊10］てしまい、現在ではたいへん旧教《カトリック》の強い地域となってしまっただけではなく、こうして生まれたスペイン・ポルトガルこそが、次代において近世の幕開けを告げる「大航海時代」を切り拓く〝先鋒〟となっていくためです。

［＊08］　イスラーム教徒のこと。

［＊09］　封建時代において、権力者から土地の所有や支配を保証されること。現在では転じて「安心する」という意味合いで使用されることが多い。

［＊10］　今から800年前といえば、日本史では「鎌倉時代」です。通常、これほど永きにわたって住みついた民族を一掃するなど至難の業ですから、そこからもこのときの粛清がいかに凄まじいものであったかが窺い知れます。

史上空前のモンゴル帝国《ウルス》の大統一が
ユーラシアを一体化させ、〝近世〟を牽引した！

中世の温暖化が蒙古帝国《モンゴルウルス》を生んだ

こうした欧州《ヨーロッパ》の拡大の動き、および温暖化の影響はやがて蒙古《モンゴル》を刺激することになりました。

欧州《ヨーロッパ》の拡大傾向の中、東方貿易《レヴァント》が活性化するようになったことで、停滞気味だった絹の道《シルクロード》も活況を呈するようになってきます。

一方、蒙古《モンゴル》高原では、前時代までわずかな糧を小さな部族同士で奪い合うことしかできなかったのが、温暖化の影響で強大な部族が現れ得る条件が整ってきます。

あとはそれを統合し得る〝英雄〟の出現を待つのみでしたが、それこそがチンギス汗《ハン》です。

彼はアッという間に蒙古《モンゴル》高原を統一すると、これに満足することなく、賑《にぎ》わいを見せていた絹《シル》の道《クロード》沿いの国々をつぎつぎと押さえていきました。

その結果、彼の孫の代までに帝国《ウルス》は東は中国から西はロシアに至るまで、ユーラシア大陸の大半を支配するという、空前の大帝国を築きあげることになります。

この「大帝国が生まれた」という事実は、多く政治的・軍事的な意義ばかりが強調されがちですが、過去に前例のない〝ユーラシア大陸の東西を結ぶ交易路〟がたったひとつの帝国《ウルス》によって支配されたことは、経済的・文化的にも甚大な意義をもちます。

当時〝ユーラシア大陸の東西を結ぶ交易路〟には大きく3つあり、北から「草原の道《ステップロード》」「絹の道《シルクロード》」「海の道《セラミックロード》」がありましたが、絹の道《シルクロード》が〝都市《オアシス》から都市《オアシス》を結んだもの〟であったのに対し、草原の道《ステップロード》にはそのような決まった拠点がなかったため、站赤《ジャムチ》（駅伝制）が敷かれて一定区間ごとに〝站《たん》（駅）〟が置かれて宿・食事・馬が完備されたばかりか、牌符《パイザ》[＊01]も発行され、流通の扶《たす》けとします。

さらに「絹の道《シルクロード》」でも、従来までは治安の悪いところを通るときには盗賊に怯えながら進み、さらに国を越えるたびに「関税」を支払わなければなりませんでしたから、これでは仕入値・運搬費用などに加え、盗賊対策費または損金、さらには莫大な関税が重くのしかかって、交易発展の阻害となっていました。

それが蒙古帝国《モンゴルウルス》が生まれたことで、交易路全体に治安が保障され、関税も一括処理されるよ

[＊01] 今でいうところの「パスポート」、江戸時代なら「通行手形」に相当。これを持つ者は、帝国によって旅の安全が保護され、たとえハイドゥの乱（モンゴル帝国最大の内乱）の只中であっても商人は無事に大陸を横断できたといいます。ヨーロッパでは戦争が始まると商人の往来は疎外されましたから、これはすごいことです。

うになると、必要経費が激減して一気に交易が拡がることになります。

のみならず。

帝国《ウルス》は宋朝に倣《なら》って紙幣［＊02］を取り入れたため取引量が飛躍的に増え［＊03］、ヨーロッパと東アジアがより密接につながるようになりました。

このように、蒙古帝国《モンゴルウルス》は交易の発展に力を注いだため、「物」だけでなく「人」や「情報」の動きが活発化し、これまで東アジア文化圏・イスラーム文化圏・ヨーロッパ文化圏と各文化圏ごとにバラバラに展開してきた歴史が、「人」「物」「情報」がユーラシア大陸規模で密接に行き交うようになって、〝一体化〟していきます。

これを〝世界史的世界〟といい、じつはこれこそが、つぎの「近世」を誘発させる起爆剤となったのでした。

［＊02］世界で初めて「紙幣」を導入したのは宋朝。北宋ではまだ手形的要素が残っていた「交子」、南宋では完全な紙幣となった「会子」が流通していました。元ではこれを「交鈔」と呼びます。

［＊03］それまでは取引に「銀」を用いていたため、取引のたびにいちいち銀を用意せねばなりませんでした。銀は準備するのもたいへんでしたし、運搬にも不便で、紙幣はそうした銀取引のデメリットを解消させました。

第4章

近世の夜明け

14世紀以降、中世的な要素が一斉に消えていったその背景には…

14世紀に襲いかかった最後の寒冷期《イベント》が「中世」にトドメを刺し、「近世」を生んだ！

〝戦闘民族〟の本性

ときに、遊牧民族というのは何千年にもわたってつねに〝わずかな資源を奪い合う生き残りを賭けた戦い〟の中に身を置いてきた、我々のような〝平和ボケ〟した日本人になど想像も付かないような厳しい世界を生き抜いてきた者たちです。

――弱き者は問答無用で殺され、
強き者のみが遺伝子《DNA》を紡ぐことを許される

そんな〝修羅の世界〟で生き抜いてきた彼らが、武力にのみ価値を見出す「極端に尚武精神の強い戦闘民族」となっていったのは当然のことと言えます。

そしてそのうちの一派が欧州《ヨーロッパ》半島に入植して狩猟民族となっていくと、もともとの「尚武精神」の強い彼らが「日々の糧は狩《ハンティング》で得るもの」という狩猟民の価値観を取り込んで、「我々自身が額に汗して働かずとも、欲しい物があらば武力で奪えばよい。」

「どうしても労働が必要なら、奴隷を狩り、彼らにやらせればよい。」

…という価値観を持つようになります。

それぞれの民族の寒冷期への対処

ところで、中世における欧州《ヨーロッパ》の拡大も蒙古《モンゴル》の拡大も、14世紀までの「温暖期」に支えられていたことは前章で学んでまいりました。

しかし、14世紀以降、ふたたび「寒冷期《イベント0》」が訪れます［＊01］。

どんな威容を誇る大天守も、それを支えている石垣（天守台）が崩れればもろくも崩壊するように、温暖期（石垣）に支えられた中世（天守）もまた、それが終焉するとともに消えてなくなる宿命から逃れることはできません。

アジアではあれほど猛威を振るった蒙古《モンゴル》も一斉に姿を消していき、また、欧州《ヨーロッパ》でも温暖期を背景に発達した「封建制《フューダリズム》」とこれに付随する政治体制《システム》・社会体制《システム》・経済体制《システム》はことごとく音を立てて崩れ落ちていき、さらには中世において王《キング》や帝《エンペラー》すら跪《ひざまず》かせてきた教会権威《チャーチオーソリティ》までもが

［＊01］今回は14世紀から19世紀までの約500年間。そしてこれが人類が経験した“（現時点で）最後の寒冷期”となります。

失墜していく時代となります［＊02］。

しかし、アジアはもともと豊かな土地柄ですから、寒冷期には寒冷期に合わせた体制改革を行えば、これを凌ぐことも不可能ではありません。

実際、17世紀までに東アジアに明・清帝国《テイグォ》、南アジアにムガール帝国《グーラカーニー》、西アジアにオスマン帝国《デブレット》［＊03］という、その時代に身の丈を合わせた大帝国が君臨して、所謂《いわゆる》「帝国の平和《パックス・エンピリカ》」と呼ばれる繁栄期を現出することになります。

これに対して、ユーラシア草原《ステップ》（遊牧民）から欧州半島《ヨーロッパ》（狩猟民）にかけては貧しい土地柄でしたから、そのうえに寒冷期が襲ってくると自己完結でこれを乗り切ることは厳しい［＊04］。

したがってこれまで、人々は生き残るため、好むと好まざるとにかかわらず棲《す》み慣れた故郷《ふるさと》を棄てざるを得ません。

これが「民族移動」です。

これまで見てまいりましたように、寒冷期が襲ってきたときに棲《す》み馴れた故郷《ふるさと》を棄てて民族移動を起こすのが「遊牧民」や「狩猟民」が多いのはそのためです。

追い詰められた欧州人《ヨーロッパ》

しかし、今回の「寒冷期《イベントO》」は違いました。

確かに、温暖化を背景に発展してきた欧州《ヨーロッパ》の中世社会は、寒冷化の到来とともに限界に逢着、社会の歯車《ギア》がうまく回らなくなってきます。

すると人々は、それまで何の疑問も持たずに「正しい」と信じていたものに疑念を持ち始め、そうした〝中世社会への反定立《アンチテーゼ》〟として生まれてきたのが、思想・文芸の分野では「ルネサンス」であり、政治体制《システム》では「絶対王政」です。

しかし、この絶対王政は、中世までの王政とは比べものにならない経費《カネ》がかかる欠点《デメリット》があり、同じころ「資本主義」が発展してきたのも、これを工面するためという側面がありました。

しかし、時代は「寒冷期」に突入しており、半島《ヨーロッパ》内からその財源を捻出するのは不可能。

となれば、「外」から奪うしかない。

人間というものは追い詰められたとき、隠されていた〝本性〟が顕《あらわ》れるものですが、彼らの本性は「欲しい物があらば武力で奪えばよい」。

［＊02］　日本では鎌倉幕府が倒れ、混乱の中で室町幕府へと移行したものの、ほどなく長い戦国時代に突入しています。

［＊03］　日本では徳川幕府の安定期が生まれたのも17世紀初頭です。

［＊04］　ビジネスでも経済不況を「氷河期」に譬えることがありますが、内部留保が多く自己資本比率が高い企業は、「氷河期」に襲われても、時代に合わせた体制改革を実行して生き残ることも可能ですが、氷河期到来前から糊口を凌ぐのが精一杯だった企業はたちまち倒産してしまうのと同じです。

これまで、その「武力」を振るう範囲が半島内《ヨーロッパ》（せいぜい地中海沿岸）に限られてきたのは、単に東は森に鎖《とざ》され、南はイスラームに塞《ふさ》がれ、北と西は海に隔てられ、〝陸の孤島〟状態だったからにすぎません。

もし彼らがこの〝殻〟を破る「力」を得たとき、その「武力」は〝外界〟に向けられ、すさまじい〝災厄〟となって世界を覆い尽くすことになるでしょう。

そしてその「力」となったのが「三大発明」でした。

三大発明の伝播

じつは、〝火薬（火器）〟〝活版印刷術〟〝羅針盤〟という3つの技術革新は、中国においては古くから長い時間をかけて温められて、宋代でようやく実用レベルにまで達し［＊05］ながら、永らくその知識は中国国内に閉じ込められたままでした。

しかしこれを破ったのが、前章で見てまいりました蒙古《モンゴル》による〝大統一〟です。

彼らが、ユーラシア大陸規模での「人」の往来・「物」の流通・「情報」の伝達を一体化させたことで〝知の決壊〟が起こって、欧州《ヨーロッパ》に「三大発明」が伝わったのです。

すると欧州人《ヨーロッパ》は、これらをさらに改良して〝新たなる力〟としました。

火薬は爆発力を高め、火器は連射性能や殺傷能力を上げ、羅針盤は揺れる船の上でも正確な方位を示す（乾式）ように改良した［＊06］ことで、「大航海時代」に歩み出すことが可能になったのです。

巷間、何かと「大航海時代」ばかりが強調されていますが、じつはその前に蒙古帝国《モンゴルウルス》による「大陸運時代」なくして「大航海時代」もまたなかったでしょう。

そうなれば、欧州《ヨーロッパ》はこのままずっと〝地球の辺境〟でありつづけたに違いありません。

欧州《ヨーロッパ》に「近代」をもたらしたのは、彼らが「黄禍《ゲルプゲファール》」と恐れた蒙古《モンゴル》だったというわけです。

〝翼〟を手に入れた欧州《ヨーロッパ》人

こうして彼らは、「火器」によって〝青銅器《ブロンズ》に対する鉄器《アイアン》〟〝歩兵に対する騎兵〟という他を圧倒する力を手に入れ、「羅針盤」によってはるか大洋に出る〝翼〟を手に入れたのです。

［＊05］火薬・活字・羅針盤ともに、その存在や原理自体は古くから知られていましたが、まだその活用性・有用性に気づいていなかったりして、宋代までは実用段階に達していませんでした。

［＊06］こうした〝改良〟をヨーロッパ人が「発明」と喧伝したため、永らく「三大発明はヨーロッパから」と教えられてきましたが、近年、中国のものであることが認知されるようになりました。このようなヨーロッパ人による「発明・発見の横取り」は古より現代に至るまで無数にありますが、現在では徐々にその嘘が暴かれて修正されつつあります。

まさに「鬼に金棒」…いえ、そんな生やさしいものではない、「目を覚ました破壊神《シヴァ》［＊07］」か、「羽を手に入れた饕餮《とうてつ》［＊08］」か。

ここまで我々は、移民や民族移動が起こるとき、その矛先とされた国・民族・文化は破壊されることを見てまいりましたが、このとき「移民側《エミグレイト》」が「される側《イミグレイト》［＊09］」よりも強大な武器を持っている場合は、その悲劇はさらに凄惨なものとなります。

移民の法則⑩

移民は移民先の国と民族と文化を破壊するが、移民《エミグレイト》（植民）側が武力において優越しているとき、破壊はさらに凄惨となる。

こうして彼らはA《アジア》・A《アフリカ》・A《アメリカ》世界の国々を解体して植民地とし、その民を奴隷民族とするため、世界に飛び出していくとこになったのです。

［＊07］普段は昏々と眠りつづけるが、ひとたび目を覚ましたが最後、全宇宙のすべてを渾沌に帰すまで破壊の限りを尽くすインド神話の神。

［＊08］〝饕〟は「財産を貪る」、〝餮〟は「食物を貪る」の意。体は牛、顔は人面で虎の牙・曲がった角を持つ。周りの何もかもを喰らい尽くす中国神話の怪物。

［＊09］日本語の「移民する」は英語で「migrate（マイグレイト）」ですが、「移民する側（エミグレイト）」と「移民される側（イミグレイト）」で区別することがあります。

飢えた戦闘民族が〝翼〟と〝武器〟を手に入れ、大病に冒され、弱った巨人に襲いかかる!

弱みに付け込んだ侵掠《しんりゃく》 ―― アフリカ航路《ルート》

こうして〝翼〟を得た欧州《ヨーロッパ》人は、アフリカ大陸を大きく迂回する「アフリカ航路《ルート》」と大西洋を西進する「西廻り航路《ルート》」に分かれてインドを目指します。

まずは「アフリカ航路《ルート》」から紐解いていきましょう。

よく「大航海時代は〝時代遅れ〟のアジアと〝先進〟のヨーロッパの接触を促し、〝劣った〟アジア人は〝優れた〟白人によってたちまち植民地にされていった」かのようなイメージで語られることが多いですが、事実ではありません。

それが証拠に、アジア世界がまだ〝帝国の平和《パックス・エンピリカ》〟の中にあったころにも、アジアの帝国はヨーロッパと接触していますが、このころはビクともしていません[*01]。

アジアがつぎつぎと白人列強の植民地にされていくようになったのは、

・東アジアの覇者・清朝

・南アジアの覇者・ムガール帝国《グーラカーニー》
・西アジアの覇者・オスマン帝国《デブレット》

…というアジア三大覇権帝国が一斉に衰亡期に入った、その最悪のタイミングで、欧州《ヨーロッパ》では産業革命が起こって隆盛期に入ったからであって、それは「優劣」ではなく、単に「タイミングが悪かった」からにすぎません。

たとえ産業革命を背景に欧州《ヨーロッパ》列強が攻め寄せたとしても、もし清朝が康熙帝、ムガール帝《グーラ》国《カーニー》がアクバル大帝《マハーン》、オスマン帝国《デブレット》がスレイマン大帝《カーヌーニー》の御世であったならば、欧州《ヨーロッパ》列強など苦もなく撃退されていたことでしょう。

弱みに付け込んだ侵掠《しんりゃく》――西廻り航路《ルート》

一方、もうひとつの「西廻り航路《ルート》」も、もともとはアフリカ航路《ルート》同様インドを目指していた

[＊01] 初めてインドに到達したV・D・ガマなどは、インドの領主や商人から「ここらでいちばん貧しい商人でももう少しマシなもん持ってくるぞ。商売する気があるのならなぜもう少しまともなものを持ってこなかったのか」と小馬鹿にされています。また、イギリスもムガール帝国に反抗したことがありましたがたちまち撃破され、平身低頭に謝罪し、媚を売り、ゴマをすることで、拠点（カルカッタ）を作る許可を得るのが精一杯という有様でした。

のですが、着いたところは当時欧州人《ヨーロッパ》が知らなかったアメリカ大陸でした。

そこに棲む先住民はまだ、武器といえば石斧《トマホーク》に弓矢という「(事実上の)石器時代[＊02]」でしたが、これに対し白人たちは銃火器を以て制圧していきます。

その殺戮、絶滅作戦《ジェノサイド》はすさまじく、当時7000万人[＊03]の人口を誇った先住民《インディアン》は、白人と接触してからわずか1世紀で90%が死滅した[＊04]とも言われ、あまりの急速な人口減に"奴隷労働力"に事欠くようになった白人たちは、今度はアフリカから黒人を"輸入"してこれを奴隷として酷使するようになりました。

アフリカからアメリカまでの航路《ミドルパッセージ》横断には当時数ヶ月を要しましたが、その奴隷船の中で黒人たちは"東京のラッシュアワーの電車"並みに鮨《すし》詰めにされたため、体力の弱い者から死んでいき、これを生き延びた者もアメリカでの過酷な奴隷使役の中でつぎつぎと死んでいきました。

生き残る資格を与えられたのは「並外れた体力」「すさまじい生命力」、そして運の強い者だけで、現在アメリカ大陸に住んでいる黒人の多くはその子孫であり、黒人の身体能力が極めて高いのもこうした哀しい歴史のためなのです。

［＊02］一応、アンデス文明は青銅を知っていましたが、貴重品だったため、工芸には使用しても利器には利用されませんでした。

［＊03］コロンブスが新大陸を発見した15世紀末当時のアメリカ先住民の人口推計にはかなりの幅があります。

［＊04］この中には、ヨーロッパ人が持ち込んだ疫病蔓延による大量死も含まれています。

移民が「される側」にとって破壊しか生まないこと（移民の法則②）、そのうえ移民側が武力において優越していれば、破壊はさらに凄惨なものとなる（移民の法則⑩）ことを我々はすでに学んでまいりました。

破落戸《ならずもの》どもが平和を愛する善良な人々を殺戮して造りあげた国は〝美談〟として語り継がれる。

〝災い〟は海の向こうからやってきた

アメリカ大陸は、この地球上に人類《ホモ・サピエンス》が誕生して以来ずっと大洋に隔てられ、外界から孤立していたため、ほんの数万年前まで〝人類未踏の地〟となっていました。

氷河期にアジア大陸と地つづきになる［＊01］ことはありましたが、ちょうどそのころはカナダを覆いつくす世界最大の氷床《アイスシート》が立ち塞がり、氷河期が去って氷床《アイスシート》が消えるころにはベーリング地峡も海峡に戻ってしまうため、なかなかここを渡る機会《チャンス》に恵まれなかったためです。

ところが、最終氷期［＊02］の晩期（1万5000年前）、奇蹟的にアジアと地峡でまだ繋《つな》がっているうちに氷床に〝穴〟［＊03］が空いたため、このわずかな間隙を縫って、アジアから蒙古種《モンゴロイド》が渡来します。

これが人類《ホモ・サピエンス》史上初めてアメリカ大陸に移住してきた先住民《インディアン》［＊04］となりましたが、その直後にベーリング地峡が閉じてアメリカ大陸はふたたび外界と鎖《とざ》され、彼らはこの〝新大陸〟で独自の文明を築きあげることになりました。

以来15世紀いっぱいまでの万年単位におよぶ永き間、アメリカ大陸は彼らの〝楽園〟となります。

もちろん戦《いくさ》もあったでしょうし、さまざまな社会問題もあったでしょうが、そんなものはこれから始まる〝地獄〟を思えば、間違いなく「楽園」と呼ぶにふさわしい時代だったといえます。

しかし、この「先住民の楽園《パックス・インディアーナ》」は、突如、海を割って現れた〝白い悪魔［＊05］〟によって破られることになります。

［＊01］氷河期には地球の高緯度全体が氷で覆われるため、平均海水面が現在より低くなり、現在のベーリング海峡にあたる部分は「地峡」となります。氷河期が終わると、溶けた氷が海に流れ込んで海水面が上がり、現在のように「海峡」に戻ります。
［＊02］約7〜1万年前。ヨーロッパでは「ヴュルム氷期」、北アメリカでは「ウィスコンシン氷期」と呼ばれるもの。
［＊03］このころカナダ全土を覆っていた氷床（ローレンタイド氷床）に生まれた、歩いて渡れるほどの細長い氷床の切れ目のことを「マッケンジー回廊」といいます。
［＊04］近年「インディアンは差別用語」「ネイティブアメリカンが正しい」という風説がまことしやかに蔓延しており、これを無検証に盲信している人が多いのですが、まったくのデマです。なぜこのようなデマが出回るようになったのか、その出所は判然としませんが、一説には「インディアン」という言葉を抹殺することで、アメリカ人が過去インディアンたちに行ってきた数々の蛮行を隠蔽する目的で流されたもの、とも囁かれています。

"失われた植民地"ロアノーク島

このとき、新大陸に押し寄せてきた欧州人《ヨーロッパ》たちは、「新天地で新しい家庭を築き、農業を営み、額に汗して働いて先住民《インディアン》たちと友好的に暮らしたい」などという善良な者たちではなく、貧困層・前科者・渡世人《やくざ》といった、はなから先住民《インディアン》から掠奪《りゃくだつ》し、彼らを奴隷として使役することで「一攫千金」を狙う無法者《アウトロー》ばかりでした。

移民の法則⑪
移民（植民）が発生するときは、下層民・無法者から切り拓かれることが多い。

こうした輩《やから》を派遣して、イギリスが最初に植民しようとしたのが「ロアノーク島[＊06]」です。

ところが、ここで不思議なことが起こります。

イギリスがこの島に砦《とりで》を築き、何度植民を行っても、次の補給隊がやってきたときにはなぜか砦《とりで》が無人化していたのです。

植民した人たちはどこへ行ってしまったのか。

もちろんイギリスも砦《とりで》周辺を徹底的に調査しましたが、その理由は杳《よう》としてわかりませんでした［＊07］。

この挫折に加え、ちょうどこのころ国内がゴタついたこともあり、イギリスはしばらく新大陸への興味を失い、これを放棄してしまいます［＊08］。

〝美談〟で隠された蛮行（ヴァージニア編）

しかし、ロアノークを放棄してから半世紀ほど経ち、次王ジェームズ1世の御世《みよ》になると、

［＊05］イギリスの諺に「〝白い悪魔〟は〝黒い悪魔〟よりはるかにひどい」というものがあります。この中の「白い悪魔」とは「表面的に善人を装っている悪党」という意味ですが、「インディアンに文明とキリスト教を与え、彼らを野蛮と邪悪な宗教から解き放つため！」ときれいごとを口にしながら、その手で掠奪と殺戮の限りを繰り広げた白人は、この〝白い悪魔〟という表現にぴったりと言えましょう。

［＊06］現在のノースカロライナ州にある小さな島。

ここがイギリス初の新大陸の植民地（処女地）であったこと、当時の女王（エリザベス一世）が「処女王」の異名を持っていたことにちなんで、ここから生まれた植民地を「ヴァージニア植民地」と名づけました。

［＊07］まっさきに疑われたのは「インディアン襲撃説」でしたが、砦を調べてみたところ、矢尻の跡・刀傷・血痕・遺体など、襲撃された形跡がまったく見つからなかったため、この説はすぐに消滅しました。

ふたたび植民活動を活性化させました。

とはいえ、今回は不吉なロアノーク島は避けて、もう少し北（現ジェームズタウン）に植民を試みます。

じつはこのときの植民者の中に、あの「J《ジョン》・スミス」がいました。

彼が酋長の娘ポカホンタスと恋に落ちた――という恋愛物語はアメリカでは歴史教科書にも記されているほど広く人口に膾炙《かいしゃ》しており、ディズニー映画にもなっているため、日本でもよく知られている〝美談〟です。

しかし残念ながら、この美談は〝真実〟から目を背けさせるために政治喧伝《プロパガンダ》として捏造《ねつぞう》されたまったくの作り話です。

事実はあんな綺麗事では済みません。

現実には、今回の植民者も前回同様《ロアノーク》、「先住民《インディアン》からの掠奪《りゃくだつ》」「一攫千金」しか頭にない無法者《アウトロー》ばかりで、もちろんJ《ジョン》・スミスもそのひとりにすぎず、新大陸に着くや否や、掠奪《りゃくだつ》・殺戮の限りを尽くしています。

先住民《インディアン》にしてみれば、突然肌の色の違う、言葉の違う、文化の違う、宗教の違う者たちが現れたかと思ったら、彼らは問答無用で掠奪《りゃくだつ》戦を仕掛けてきて、男と見れば殺し、女と見ればこれを犯す［＊09］わけですから、まさに〝白い悪魔［＊04］〟です。

しかし、所詮は多勢に無勢、掠奪《りゃくだつ》戦はうまくいかないことも多い。

やがて砦《とりで》には飢餓が襲うようになりましたが、根っからの無頼漢ばかりの集団でしたから、それでも彼らは額に汗して働こうとしません［＊10］。

そのため、入植から5ヶ月後には半数に、8ヶ月後には3分の2が戦死または餓死するという事態に陥りました［＊11］。

彼らが「全滅」を覚悟しはじめたとき、彼らに救いの手が差しのべられます。

なんと、他ならぬ先住民《インディアン》のポウハタン族［＊12］から！

「お困りですか。

困ったときはお互い様です。食糧《トウモロコシ》をどうぞ。」

ポウハタン族とてけっして豊かではありませんでしたが、その貧しい生活の中から食糧《トウモロコシ》を

［＊08］　そのためこのロアノーク島は「失われた植民地」と呼ばれるようになりました。

［＊09］　彼らは初め3隻の舟に105名を乗せてやってきましたが、そこには「女」はただのひとりもいませんでした。したがって彼らは、新大陸での生活でその性欲を満たすため、女と見ればこれを犯しました。

［＊10］　補給船がやってきたとき、彼らは餓死者を出すほどの窮状にありながら、それでも働こうとはせず、昼間っからボウリングをして遊んでいたといいます。

［＊11］　ロアノークが無人化したのも、おそらくはこれと同じ経過を辿ったからでしょう。死体が見つからなかったのも近隣のインディアンが弔ってあげたから、と考えればすべての辻褄が合います。

［＊12］　このポウハタン族の酋長の娘こそ、「ポカホンタス」です。

捻出してきたのです。

自分たちに危害を加えた〝敵〟に対して。

まさにイエスのいうところの「汝の敵を愛しなさい」「右の頬を打たらば左の頬を差し出しなさい」という強烈な〝隣人愛〟そのもの！

白人は先住民《インディアン》を「邪悪な宗教を信仰する蛮族《バーバリアン》」と蔑《さげす》みましたが、彼らの方がよっぽど「キリスト教精神を実践している」と言えましょう。

それのみならず、ポウハタン族は農業の仕方も手取り足取り彼らに教えようとしましたが、それでも彼らは働こうとしなかったどころか、ポウハタン族に恒久的かつ安定的な食糧《トウモロコシ》の〝供出〟を求める有様。

全滅の危機から救ってもらった恩を返すどころか、度重なる無茶な要求。

「我々もあなた方を食べさせてあげられるほど豊かではないのです。」

さしものポウハタン族もこれを拒絶すると、イギリス人は彼らに対して襲撃・掠奪《りゃくだつ》・殺戮・誘拐［＊13］・脅迫を以《もっ》て臨むようになります。

ポウハタン族の酋長ワフンセナカウは嘆きます。

「あなた方に無償で食糧《トウモロコシ》を提供した我々をなぜ亡ぼそうとするのか？」

「我々はあなた方と笑って楽しく暮らしたいだけなのに…」

しかし、こうした声は彼らの耳に心に届くことはなく、掠奪《りゃくだつ》の手は弛《ゆる》むことなく蛮行は繰り返され、こうしてイギリスは新大陸に根を張ることに成功したのでした。

アメリカ合衆国の〝第一歩〟はこうした血塗られた歴史から始まったのです。

〝お人好し民族〟が生まれる理由

ところで、歴史書を紐解《ひもと》いていると、アメリカ先住民《インディアン》があまりにも〝お人好し〟であることに驚かされます。

困った人を見るとどうしても放ってはおけない。

それが同族同士ならまだしも、たとえ民族・文化・宗教・言語・肌の色が違おうとも、彼らの〝隣人愛〟精神は変わりません。

こうして先住民《インディアン》に命を助けられながら、その手で先住民《インディアン》を殺戮・虐殺していった白人に対して、それでも和解に努め、共存の道を模索しようとする先住民《インディアン》。

――どうしてこうもお人好しなんだ!?

［＊13］　ポウハタン族酋長の弟でポカホンタスの叔父・オペチャンカナウを誘拐し、「トウモロコシ20ｔをよこせ。さもなくばこいつを殺す！」と脅迫しています。しかしながら、20ｔものトウモロコシを差し出したら、今度はポウハタン族が餓死してしまいます。またポカホンタスも誘拐し、莫大な身代金を取ったうえ、最後まで彼女を帰しませんでした。

先住民《インディアン》のあまりのお人好しぶりに歯痒《はがゆ》さ、もどかしさを感じるほどですが、それにはちゃんと理由がありました。

じつは数々のシミュレーション実験で、ひとつの社会に深刻な飢饉が起こったとき、

A：他人を顧みず自分が生き残ることだけを考える利己主義者グループ

B：自分が飢えてでも他人に施しを与える思いやりグループ

…に分けた場合、Aグループは絶滅、Bグループは飢饉を乗り切ることができることがわかってきました。

つまり、ひとつの鎖《とざ》された社会［＊14］に大飢饉が襲い、絶滅寸前まで追い込まれた民族は「思いやりグループ」しか遺伝子《DNA》を残せないため、困った人を見るとついつい助けてしまう〝お人好し民族〟になってしまうのです。

そして事実、古代アメリカでは何度も絶滅が危惧されるほどの大飢饉に襲われたことがわかっています。

その大飢饉を生き延びた先住民《インディアン》たちは必然的に「困った人を見ると助けずにはおられない」という民族性を持つようになったのでした［＊15］。

しかし、古代において彼らを絶滅の危機から何度も救ったその〝心やさしき民族性〟こそが、皮肉にも、16世紀、彼らを絶滅の危機へと追い込んでいくことになるのです。

〝命を救ってくれた恩〟は一度の祭でチャラ（マサチュセッツ編）

こうして「ヴァージニア植民地（ジェームズタウン）で植民地建設が成功した」との報が本国に伝わると、さらなる移民船を引き寄せることになりました。

それがあの有名な「メイフラワー号」です。

メイフラワー号といえば、これまた「自らを〝巡礼始祖《ピルグリムファーザーズ》〟と称した清教徒《ピューリタン》たちが自由を求めて新天地に乗り出し…」などと〝美化〟されて説明されることが多い。

移民の法則⑫

移民に成功すると、移民たちは自らが行った破壊・虐殺を隠匿するため、数々の〝美談〟を捏造し、後世こちらが〝真実〟のように語られる。

［＊14］大陸など「鎖されていない社会」においてはその限りではありません。なんとなれば、大陸において飢饉が起これば、他地域に移民するという〝逃げ道〟があるからです。

［＊15］じつは、インドや日本でも過去、何度も大飢饉に襲われる歴史を経験してきたため、インディアン同様、世界でも稀にみる〝お人好し〟民族となってしまいました。したがって、やはりインディアン同様、しばしばそこをつけ込まれて窮地に追い込まれることになります。

現在に至るまで、アメリカでは「偉業」として讃えられています。

しかしながら、実際のメイフラワー号乗員（102名）の内訳を見れば、そうした清教徒《ピューリタン》は41名のみで、あとは一攫千金を夢見る博徒やその召使いばかり。

じつは彼らもまた、一枚皮を剝《む》けば、ロアノークやジェームズタウン同様、無法者《アウトロー》を中心とした輩《やから》だったのです。

初めはジェームズタウンのさらに北、ヴァージニア植民地《コロニー》の最北端（現ニューヨークのあたり）を目指したのですが、大時化《しけ》にあってさらに北の鱈岬《ケープコッド》に漂着。

なんとかここに停留はできたものの、船はもはや航行不能なほどの損傷を受けて身動きが取れなくなってしまったため、とりあえずその年は船の中で越冬することになりましたが、春が来る前に乗員の半数が餓死・凍死してしまう惨事に。

こうして翌春、ようやく上陸を果たした彼らを待ち構えるようにして現れたのが、近隣の先住民《インディアン》（ワムパノアグ族）でした。

――こんな満身創痍《ぼろぼろ》の状態で襲撃されたのでは戦えない。

我々は全滅だ！

しかし、このとき先住民《インディアン》が現れたのは彼らを討《う》つためではありません。

彼らが手にしていたのは「手斧《トマホーク》」ではなく「トウモロコシ」で、彼らに当座の食糧を与え、のみならず貴重な種籾《たねもみ》まで分け与えて、懇切丁寧に農業の仕方を教えてあげるためだったのです。

ポウハタン族のときと同様、先住民《インディアン》の〝隣人愛〟はここでも健在でした。

今回の入植者はすなおに農業を行ったため、おかげで、彼らは命が助かったばかりか、秋には大豊作を迎えることができました。

――これでなんとか危機を凌《しの》いだ！

それもこれもすべて先住民《インディアン》のおかげだ！

こうして彼らは感謝の意を込めて、ワムパノアグ族を招いて「感謝祭《サンクスギビング》」を催します。

ジェームズタウンとは打って変わって和やかな雰囲気《ムード》。

しかし。

やはり彼らもジェームズタウンの入植者たちと同類、それから半年もしないうちに先住民《インディアン》の殺戮を始めたのでした［＊16］。

その契機《きっかけ》は、彼らが「土地を売ってくれ」と持ちかけたこと。

しかしながら、そもそも先住民《インディアン》にとって土地は天のものであって「これを売買する」という

［＊16］メイフラワー号がケープコッドに漂着したのが1620年冬。上陸したのが翌21年春。「感謝祭」が催されたのがその年の秋。そして虐殺と掠奪を始めたのが翌22年です。現在でも行われている「感謝祭」の日、ワムパノアグ族はこれを〝民族差別を再確認する日〟としています。

観念がありません。

戸惑う先住民《インディアン》に対して半ば強引に二束三文の〝土地代〟を押し付け、先住民《インディアン》たちもあくまで〝友好の証《あかし》〟としてこれを受け取ると、たちまち態度豹変、「我々は合法的にこの土地を手に入れた！」と主張して、その土地に住む先住民《インディアン》を駆逐しはじめます。

日本では「郷に入っては郷に従え」、イギリスでも「ローマにあってはローマ人のように振る舞え」という諺があるように、ここは米州《アメリカ》であって欧州《ヨーロッパ》ではないのですから、突然海を割ってやってきた欧州《ヨーロッパ》人がいきなり自分たちの価値観と法を押し付けるのは非道以外の何物でもありません。

当然、先住民《インディアン》たちの怒りを買うことになりますが、こうして友好が破れるや、それまで隠していた本性を現し、牙を剝《む》き、剣を持って虐殺を始めたのです。

まずは、「話し合いたい」と近隣部族の酋長4人を会食に招いておいてその首を刎《は》ね、その首は晒《さら》し首とされ［＊17］、これを狼煙《のろし》として、先住民《インディアン》への掠奪《りゃくだつ》と殺戮を本格化させながら、〝順調に〟領土を拡げていきました。

こうして生まれたのが「マサチュセッツ湾植民地」です。

無実の罪を被せて皆殺し《ジェノサイド》（コネチカット編）

こうして植民のやり方がノウハウ化されていくと、そのすぐ西に住んでいたピークォート族からもおなじ手口で彼らの土地を奪っていきます。

つぎつぎと土地を奪われ、ピークォート族が気が付いたときには、南を海として北にマサチュセッツ・東にロードアイランド・西にコネチカットと完全に白人に包囲される形となってしまいました。

取り残されたピークォート族はついに入植者たちに「駆逐」されてしまうのか――と思いきや。

彼らはそんな甘い連中ではありません。

彼らが望んだのは「駆逐《エクスペル》」ではありません。「絶滅《ジェノサイド》」です。

あるときひとりの白人（貿易商ジョン・オルダム）の死体が上がりました。

彼らは叫びます。

――犯人はピークォート族だ！

［＊17］　その首は以後20年にわたって晒されました。

何の証拠があるわけでもありません［＊18］が、そんなことはどうでもいい。

彼らにとって単なる絶滅《ジェノサイド》のための〝口実〟が欲しかっただけですので［＊19］。

口実さえ見つかれば、あとは堂々と彼らを皆殺し《ジェノサイド》にできる。

白人たちは闇夜に彼らの村を包囲して一斉に火を放ち、炎に巻かれて逃げまどう女・子供・老人を虐殺・惨殺・焼殺。

こうしてピークォート族を殲滅し、その土地を手に入れると、殲滅《せんめつ》作戦成功の報を聞いた清《ピュ》教徒《ーリタン》たちは、その日、祝杯を上げています。

――今日、600人の異教徒《ペイガン》どもを地獄《ゲヘナ》に送ることができました。

これも神の御加護のおかげ。

神に感謝いたします！　アーメン！

現在、彼らはこれを「ピークォート戦争」と呼びますが、「寝込みを襲い、女・子供を一方的になぶり殺し・虐殺・皆殺しにしたもの」を〝戦争〟と呼べるでしょうか。

これはあくまで「ピークォート大虐殺」と呼ぶべきですが、彼らはけっして認めません。

24＄《ドル》で〝買った〟島（ニューヨーク編）

ところで、現在では中国に匹敵する国土を誇るアメリカ合衆国ですが、その中でも最大の都市がニューヨーク市《シティ》です。

この地に最初に足を踏み入れたのはイギリス人ではなくオランダ人でした。

すでに見てまいりましたように、ヴァージニアやマサチュセッツで先住民《インディアン》の絶滅作戦《ジェノサイド》が繰り広げられていたちょうどそのころ、オランダ人がこの地にやってきます。

ただし、オランダ人はイギリス人のような「侵掠者《インベーダー》」ではなく、あくまで「商人《マーチャント》」としてやってきたため、イギリス人のようにいきなり掠奪《りゃくだつ》・殺戮こそしませんでしたが、土地を売ってくれるよう先住民《インディアン》に申し入れるパターンは同じでした。

彼らは「24$《ドル》相当のガラス玉」を差し出し、マンハッタン島［＊20］を指差して、「これでこの島を売ってもらえないだろうか？」と申し入れます。


［＊18］実際、のちに犯人が判明しましたが白人でした。

［＊19］三つ子の魂百まで。こうしたアメリカ人の態度は現在に至るまでまったく変わっていません。19世紀の米西戦争の時には「米艦メイン号爆沈事件」、20世紀のヴェトナム戦争の時には「トンキン湾事件」、そして21世紀のイラク戦争の時には「大量殺戮兵器保有疑惑」など、これら戦争口実となった事件はことごとくアメリカの捏造です。彼らが戦争を欲したとき、ありもしない事件を捏造（あるいは演出）する手口は、建国以来何ひとつ変わっていません。こうした過去の法則性を学ぶことで、太平洋戦争時の「真珠湾事件」も彼らの〝演出〟にすぎないということが理解できるようになります。

［＊20］島のすぐ南に自由の女神が立ち、国連本部が置かれ、摩天楼が並ぶ。キングコングが登ったエンパイアステートビル、世界恐慌の舞台となったウォール街、「9・11」が起こったワールドトレードセンタービルもここにある。

しかしながら、すでに何度も述べましたように、先住民《インディアン》には土地を売買するという観念がないため意味がわからず、このガラス玉を「土地代金」とは思わず、あくまで「友好の証」として受け取ってしまいました。

これにより未来永劫土地を奪われ、ここを拠点に自分たちが先祖伝来の土地を駆逐されていくなどとは夢にも思わず。

〝誠意〟ある詐欺で騙し取る（ペンシルヴァニア編）

ところで、キリスト教というのは基本的に「個人が神と直接交信することはできない」という立場《スタンス》です。

元来、神と直接交信できるのは「預言者《プロペータ》」だけですが、教会組織が確立して以降、預言者《プロペータ》として教会から認められた者はひとりもいません。

なんとなれば、イエスの死後、「預言者《プロペータ》」の役割は教会が担いましたから、新たな預言者《プロペータ》の出現は教会にとって如何にも都合が悪いからです。

しかしちょうどこのころ、イギリス本国で「神と個人は直接交信できる！」と主張する新派が生まれました。

それが「クエーカー」です。

彼らは、徹底的な「平等主義」「平和主義」を唱え、質素な生活を旨とし、「誠実」を標語《モットー》に掲げ、この新天地に〝クェーカー教徒の楽園〟を築こうと、はるばる海を越えて現在のペンシルヴァニア州にあたる地にやってきました。

――我々は、ここに〝友愛〟に満ちた町を築こう！

町の名は「フィラデルフィア（友愛の町）」としようではないか！

これまで見てまいりましたように「平和を愛する」のは先住民《インディアン》も同じでしたから、今回はヴァージニアやマサチュセッツのように先住民《インディアン》と揉め事や虐殺を伴うことなく、両者が仲良く共存することができたのでしょうか？

否《いいえ》。

白人が「自由」「平等」「民主主義」「権利」「隣人愛」と叫ぶとき、それらの言葉は「白人成年男子にのみしか適用されない［＊21］」ということを肝に銘じておかないならば、彼らを、そして歴史を見誤ることになります。

［＊21］そこには、有色人種はもちろん、たとえ白人であっても女・子供すら含まれません。例を挙げれば枚挙に遑なく、列挙すればそれだけで分厚い本になってしまうほどですが、例えば、独立宣言で「すべての人は平等に造られている」と謳いながら、彼らは、黒人・インディアンはもちろん、女性にすら平等な権利が与えられず、たとえば「参政権」ひとつ取ってみても、それが彼らに与えられたのは、なんと20世紀に入ってからです。

やはり彼らもこれまで入植してきたイギリス人とまったく同じように、〃話し合いで〃〃平和的に〃という体裁で土地を購入していきます。

しかし何度も申し上げておりますように、当時の先住民《インディアン》には「土地を売買する」という発想がないため、やはり対立が生まれます。

――また土地を売ってほしいのだが。

「あんたらに土地を与えると、すぐに占有しようとする。もうこれ以上は…」

――いや、ちょっと話を聞いてくれ。

今度売ってほしい土地は大した広さじゃないんだ。

人が1日半歩いていける範囲の土地だけでいいから。

ここで断固断ればいいのに、ここでも彼らの〃お人好し〃ぶりが出てしまい、「この深い森の中を人ひとりが1日半歩く距離などたかが知れている。それくらいなら…」と彼らの提案を認めてしまいます。

すると彼らは、森を切り拓き、そこに直線の舗装道路を敷き、一定距離ごとに飲食スタンドを設けて、14人もの韋駄天《いだてん》[＊22]が駅伝《リレー》方式で36時間ぶっ通しで休むことなく走破させます。

その結果、先住民《インディアン》はアレゲーニー山脈以南の土地をごっそりと失うことになりました[＊23]。

――さあ、約束通り〃1・・・日・・・半・・・歩いた〃範囲は我々のものだ。

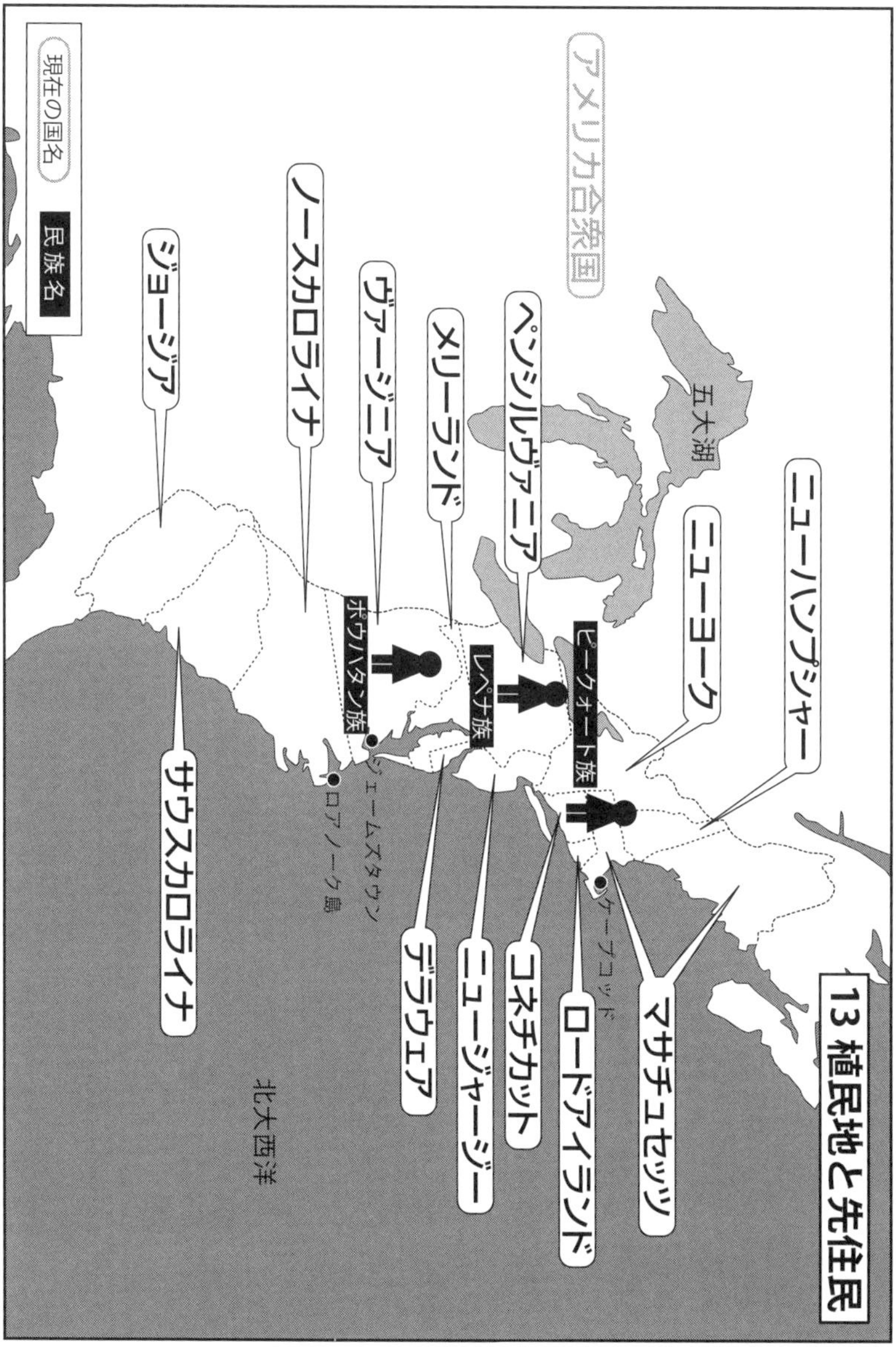
13 植民地と先住民
現在の国名
民族名
アメリカ合衆国
五大湖
ニューハンプシャー
ニューヨーク
ペンシルヴァニア
メリーランド
ヴァージニア
ノースカロライナ
ジョージア
サウスカロライナ
ピークォート族
レペナ族
ポウハタン族
ジェームスタウン
ロアノーク島
ケープコッド
マサチュセッツ
ロードアイランド
コネチカット
ニュージャージー
デラウェア
北大西洋

ここに住む先住民《インディアン》どもは今すぐ出ていけ！

これに先住民《インディアン》（レナペ族）が抗議すると、彼らは武力を以《もっ》てこれを制圧、駆逐していきます。

彼らのモットー「誠実」「平和主義」「平等主義」はどこへ？

どこへも行っていません。

さきほども申し上げましたとおり、こうした〝お題目〟は有色人種には適用されないため、彼らはそこに何の痛痒《つうよう》も感じないのです。


まだまだつづきますが、以降、これらのことの拡大再生産に過ぎませんし、読者ももう食傷気味でしょうからこれくらいにしておきましょう。

こうして生まれたのが「13植民地」です。

いったんはアレゲーニー山脈に阻まれた形となって東海岸に止《とど》まりましたが、やがてそれすら乗り越えて、さらなる植民を行い、先住民《インディアン》を駆逐していきます。

そして、力をつけた彼らは本国《イギリス》からも独立し、今日の「アメリカ合衆国」として誕生することになったのでした。

［＊22］　足の速い人のこと。もともとはヒンドゥー教の「足の速い神様」の名前。

［＊23］　この一連の事件は『ブリタニカ百科事典』の「詐欺」の項目に紹介されているほど大型詐欺事件として有名。

最後まで平和を愛した民は、自由と正義と友愛を標榜する民に亡ぼされた！

美談で埋め尽くされた建国史

数万年にわたって自分たちが住んでいた土地に、いきなり土足で上がり込んできた欧州人《ヨーロッパ》を温かく迎え入れ、それどころか彼らが全滅の危機に陥るたびに全面的な支援を行って救ってあげた先住民《インディアン》。

にもかかわらず、ひとたび植民が軌道に乗りはじめるや、その〝命の恩人〟から土地を騙し取り、彼らを駆逐し、これに抗議しようものなら凄惨な虐殺を伴う皆殺し《ジェノサイド》にかけて領土を拡げていった白人。

こうして、最後まで平和を愛し、和解を模索した先住民《インディアン》たちの幾千万の屍《しかばね》を踏みつけ、その上に建てられたのが「アメリカ合衆国」です。

しかし、人間というものは自分の国を「すばらしい国」と思いたいものです。

そのため彼らは、その陰惨な〝真実〟を隠すため、建国史を語るとき多くの〝目眩《くら》まし〟を散りばめることにしました。

まず、自分たちが〝理想〟に燃えて移民してきたことを強調し、先住民《インディアン》に関してはポカホンタスなどに代表されるいくつもの〝美談〟を捏造して〝真実〟を覆い隠し、さらに本国《イギリス》からの独立運動を強調することで「本国《イギリス》から自由と正義を勝ち取った国」という心象《イメージ》を持つように思想誘導《プロパガンダ》します。

それもこれもすべては「平和を愛し、まったく敵意を見せなかった先住民《インディアン》を一方的に虐殺し、掠奪《りゃくだつ》して造られた国」という〝真実〟から目を背けさせるため。

――こんな見え透いた思想誘導《プロパガンダ》などに引っかかるものか!!

…と思いきや、現実には多くの人々がものの見事にこれに引っかかり［＊01］、「アメリカは〝正義の国〟」と盲信［＊02］している現状があります。

［＊01］たとえば「ポカホンタス」美談は、アメリカの教科書には史実として描かれているため、多くのアメリカ人が〝史実〟だと信じていますし、日本の教科書もアメリカの意向に沿って書かれているため、彼らが行ってきた残忍な殺戮・虐殺・絶滅作戦はまったく記述されず、その事実をほとんどの日本人が知らない有様です。

［＊02］こうした人々は「インチキ宗教に騙されている信者」同様、自分が洗脳されている自覚がまったくないため、彼らに真実を理解させるのは難しい。洗脳された者というのは、〝真実〟を突きつけられると、たちまち耳を塞ぎ、支離滅裂な言葉を喚きながら感情的な口撃をしかけてくるものですが、筆者がこうした〝真実のアメリカ建国史〟に触れようものなら、何ひとつ具体的・論理的反証を示さず「信用できない！」「筆者の主観・悪意を感じる！」と感情的に誹謗する者たちがまたぞろ現れ閉口させられます。反論するのは結構ですが、「具体的」「論理的」論拠を以てお願いしたいものです。

三つ子の魂百まで

　ところで、「三つ子の魂百まで」という言葉がありますが、それは「個人」だけではなく「国家」にも当て嵌《は》まります。

　その人の氏素性《うじすじょう》・生い立ち・環境が人格形成を決定づける大きな要素となるように、ひとつの国家の成立過程は、その国の民族性を決定づけることになります。

　そして、一度固まった民族性は何百年・何十世代を経ようとも変わることはありません。

　アメリカ合衆国は、紛《まご》うことなき「先住民《インディアン》を虐殺し掠奪《りゃくだつ》して造られた国」です。

　そこから生まれたアメリカ人特有の民族性は現在に至るまで不変です。

　たとえば、アメリカ合衆国初代大統領となったG《ジョージ》・ワシントン。

　彼は一般的に「有徳の士」「人望厚きお方」「公平無私の人」として知られていますが、彼とて例外ではありません。

――インディアンどもなど狼と変わらぬケダモノにすぎぬ！

――インディアンどもを絶滅せよ！

――インディアンを絶滅させることは正義である！

　他ならぬ〝人望厚き有徳の士〟ワシントンの言葉です。

　そして彼につづく歴代大統領も同工異曲。

――インディアンには知性も道徳も向上心もない。
我々のような優れた民族に囲まれながら、己《おのれ》の劣等性すら理解できない。
やつらは亡ぼされなければならない。（第7代大統領 A・ジャクソン）
――インディアンの絶滅を支持する！（第26代大統領 T・ルーズヴェルト）
ひとつの民族を絶滅させることの、一体どこに「正義」があるのか、「正当性」があるのか。
この質問にも彼らは堂々答えます。
――インディアンを絶滅させる〝正当なる理由〟はある！
それは、やつらが絶滅されるに値するほど
野蛮で、残忍で、好戦的な、罪深き民族だからである！[＊03]
これまで見てまいりましたように、インディアンほど平和を愛する民族は世界的に見てもたいへん珍しいですから、まったく的外れな論です。
しかしそれすら横に置いておいて、もしほんとうに「野蛮で残忍で好戦的な民族」が〝絶滅させる正当な理由〟になるとしたら、絶滅されるべきはどちらでしょうか。

［＊03］　ポカホンタスの叔父（父の弟）が起こした「オペチャンカナウの乱（1622年）」に対する白人の主張。

それでも和平を求める者たち

しかし、これほどの仕打ちを受けても尚《なお》、和平を求める者たち《インディアン》もいました。

白人たちは言います。

――もしお前たちが自らの野蛮な宗教・文化を捨て、我々のすぐれた宗教・文化を受け容れて、我々と同じ風俗に馴染むならば、この地に住むことを許そう。

あとからやってきて、先住民《インディアン》の土地や財産を掠奪《りゃくだつ》・詐取しておいて、どうしてそんな〝上から目線〟で言えるのか、ツッコミどころ満載ですが、それでも先住民《インディアン》たちは「それで友好が保たれるなら！」と、自分たちの文化もかなぐり棄て、キリスト教に改宗し、英語を話し、洋服を身につけ、髪型《ヘアスタイル》も変えて和解を図ろうとする者たち《インディアン》が現れます。

彼らはおもに北米東南部に住んでいた者たちで、総称して「文明化五部族［＊04］」と呼ばれるようになりました。

ついに立ち上がった者たち

その一方で、自らの文化を断固護ろうとする者たち《インディアン》は駆逐され、内陸の荒野へと追い払われていきます。

そうした鬱憤がついに第4代J《ジェームズ》・マディソン大統領のころに爆発。

駆逐された先住民《インディアン》たちがショーニー族酋長のテカムセに率いられて蜂起したのです。

これが所謂《いわゆる》「テカムセの戦（1811〜13年）」です。

テカムセは、同胞たちに決起を呼びかけます。

——今、ピークォート族はどこにいるのか？
ナラガンセット族、モヒカン族、ポカノケット族もどこにいった!?
我々はこのまま戦うこともせずに滅びていくべきなのか。
否《いな》！　断じて否《いな》である！
白人《ホワイトマン》［＊05］どもの侵略を阻止する唯一無二の方法は、
我々《レッドマン》が一致団結して戦うしかないのだ！
今、我々が結束しないならば、早晩、我々は亡ぼされることになるであろう！

これに北西部領土《テリトリ》［＊06］の先住民《インディアン》たちは呼応しましたが、しかし東南部の先住民《インディアン》たちのほと

［＊04］チェロキー族、チョクトー族・チカソー族・クリーク族・セミノール族の5部族。

［＊05］当時、先住民たちは、イギリス人たちを「ホワイトマン」、自分たちを「レッドマン」と呼んでいました。

［＊06］州に昇格する前の合衆国の領土は「territory」と呼ばれていましたが、そのうち五大湖・ミシシッピ川・オハイオ川に囲まれた地域のこと。

んどは首を縦に振りません［＊07］。

「白人《ホワイトマン》は我々が宗教と文化を受け容れれば、
このままこの土地に住んでもよいと言ってくれている。

こうしてようやく得た安寧に荒波を立てたくない。」

こうして〝唯一無二の方法〟を得られなかったテカムセの蜂起は弾圧されていくことになりました。

立ち上がらなかった者の末路

なんとか「テカムセの戦」を抑え込むことに成功した合衆国は、これを機に一気に畳みかけることにします。

１８３０年、第7代大統領Ａ・ジャクソンは「インディアン強制移住法」に署名。

――文明化五部族はインディアン領土《テリトリ》（現オクラホマ州）に移住せよ。

　これに従わぬ部族は絶滅《ジェノサイド》する！

文明化五部族は驚きます。

「そんな！

我々はあなたたちの文明を受け容れ、従順に従ってきました！

このまま先祖伝来の土地に住まわせてください！」

しかし、そんな泣き言が聞き届けられるはずもなく、軍隊までも動員され、その監視の下、老若男女すべてが強制的に移住させられました。

もちろん病気や老弱で動けない者や、体の弱い者もいましたが問答無用。

そのため、この強制移住の道なりに数千人もの人々が累々と屍を連ねる惨事となり、彼らはこれを「涙の旅路」と呼ぶようになります。

この部分だけを聞けばかわいそうな気もしますが、〝白人の言葉を信じ、民族の誇りも棄て、我が身かわいさに同族の義挙すらも見棄てた者の末路〟と見れば、自業自得と言えるかもしれません。

ときに武器を持たねばならないこともある

しかしこれすら、これから先住民《インディアン》に襲いかかる悲劇の〝序章〟に過ぎません。

東海岸から先住民《インディアン》を追い払うことに成功するや、これを地盤としてさらに先住民《インディアン》を追いたて

［＊07］　文明化五部族のうち、テカムセに賛同したのはクリーク族だけでした。

ていきます［＊08］。

――我々が西へ西へと植民・拡大し、この大陸を覆い尽くすことは、
全能なる神によって与えられた〝明白なる天命《マニフェスト・ディスティニー》〟なのだ！

こうして平和を愛した先住民《インディアン》たちはつぎつぎと故郷《ふるさと》を追いやられ、現在では全米各地の辺境にある「保留地《リザベーション》」に閉じ込められて、ほそぼそと自治を認められている惨状となったのでした。

もはやアメリカの大地が先住民《インディアン》の元に戻ってくることは永久にないでしょう。

どうしてこんなことになったのか。

本《もと》を糺《ただ》せば、白人《ホワイトマン》たちが最初の〝第一歩〟を踏み入れることを許したからです。

彼らが馴れぬ土地で飢えているのに同情し、施しを与えたからです。

移民の法則⑬

移民《イミグレイト》される側の立場に置かれたとき、もし彼らを受け容れるというならば、彼らに自民族の文化や生活を破壊されてもよい覚悟を以て臨まなければならない。

結果論ですが、最初に上陸してきた白人《ホワイトマン》を問答無用で急襲、皆殺《ジェノサイド》しにしてでも断固として、そして全力で阻止するべきでした。

それだけが、先住民《インディアン》たちが自分たちの文化や宗教、風俗、土地、そして家族の命を守る唯一の手段でしたが、どれほどの殺戮と掠奪《りゃくだつ》の仕打ちを受けても「和平」の道を模索した〝お人好し〟な彼らには所詮「できない相談」だったでしょう。

彼らはその〝お人好し〟な民族性が災いして哀しい運命をたどることになりましたが、しかし、我々に大いなる教訓を残してくれました。

自分たちが生き残るためには、ときに非情にならねばならないこともある。

好むと好まざるとにかかわらず武器を持たねばならないこともある。

それを一時の感情で相手に情をかければ、たちまちこちらが亡ぼされてしまう。

日本人もインディアンに負けず劣らず〝お人好し〟な民族性を持っています。

これを「他山の石」としないならば、我々もまた彼らと同じ運命をたどることになるでしょう。

[＊08]　これを「西漸運動」といい、19世紀いっぱいをかけて行われました。

三大陸を支配したオスマン帝国《デブレット》は混血が進み、東アジアの覇者・明朝では出国ラッシュが始まる。

オスマン帝国による強制移住

では、ここでアジアに目を向けることにしましょう。

近世に入ったころのアジア世界では「移民」の類《たぐい》はあったのでしょうか。

すでに触れましたように、このころの西アジアにはオスマン帝国《デブレット》、南アジアにはムガール帝国《グーラカーニー》、東アジアには明・清帝国《テイグォ》がそれぞれ覇を唱えていました。

これらのうち、特に欧州《ヨーロッパ》にとってはオスマンが脅威で、帝国《デブレット》が日に日にバルカン半島のキリスト教世界を蚕食しつつあったころです。

しかし、このような飛ぶ鳥を落とす勢いのオスマンにも悩ましい問題が持ち上がっており、これが「強制移住」を促進しています。

領土が大きくなればなるほど、これを維持するために軍部を拡張しなければなりませんが、当時のオスマン軍部は大きな問題を抱えていました。

じつは、オスマン軍部はトルコ人の軍人奴隷［＊01］が多かったのですが、イスラーム世界ではこのトルコ系の軍人奴隷《マムルーク》による謀叛、およびそれによる国家転覆も珍しくありませんでしたから、これ以上マムルーク軍団の規模を拡大することは王朝を脅かす［＊02］ことにもなりかねません。

かといって、日々拡大する領土を統治するためには軍部を拡張しないわけにもいかず、オスマン帝国《デブレット》は従来の忠誠心の低い兵《マムルーク》とは違う、「皇帝《スルタン》に絶対的忠誠を誓う屈強な軍団」の新設が急務となっていました。

そこで征服した地（おもにバルカン半島）から、王朝となんの柵《しがらみ》も繋がりもないキリスト教徒の子弟（10歳前後の少年）を強制徴発《デウシルメ》［＊03］して、彼らを帝都《イスタンブール》に〝強制移住〟させ、ここでムスリムに改宗させ、トルコ語を教え、洗脳教育を施し、皇帝《スルタン》に絶対忠誠を誓う軍人奴隷《カプクル》を育成します。

この軍人奴隷《カプクル》の中から特に優秀な者たちが近衛歩兵《イエニチェリ》・近衛騎兵《スィパーフ》となり、以降の帝国《デブレット》を支える

［＊01］トルコ人（アラブ人・イラン人なども含む）を中心とした軍人奴隷を「マムルーク」といいます。

［＊02］実際、当時のオスマン帝国内でマムルークの叛乱はたびたび起こっていました。

［＊03］もともとは戦争孤児となったキリスト教徒の子弟から集められていました（ペンチック制）が、これでは徴発が不安定であるため、第4代バヤジット雷帝の御世、これを安定供給するために生まれたものが「デウシルメ制」です。

軍事力となっていったのでした。

このように、オスマン帝国《デブレット》は帝室がトルコ人だということ以外、軍部も政府中枢も地方役人も法曹も財界もトルコ人で独占されるということは一切なく、それどころか歴代皇帝《スルタン》ですら、異民族の奴隷から皇后を選んだ［＊04］ために代を経るごとに「トルコ人の血」は薄れていき、帝国《デブレット》における「トルコ」的要素はほとんどなくなっていきます。

この帝国《デブレット》は、ひと昔前まで「オスマン朝トルコ帝国」などと呼ばれていましたが、帝国唯一の紐帯《ちゅうたい》は「オスマン家」という家柄のみだったため、現在では「オスマン帝国《デブレット》［＊05］」と呼ばれるようになっています。

漢民族の膨張と消滅

では、おなじころの中国はどうだったでしょうか。

すでに見てまいりましたように、漢民族の発祥は中原《ジョンユエン》（黄河中流域）ですが、時代が下るとともに混血を繰り返しながら華北一帯に拡がっていきました。

こうして生まれた混血民族は「漢帝国400年」の中で均質化され、「漢民族」という同族意識が生まれましたが、それも〝漢の泰平〟が支えていたものでしたから、漢朝と運命をともにする定めにありました。

漢が亡び、三国時代の混乱を経て五胡十六国の動乱の世を迎えると、中国史上初めて華北の支配を異民族に明け渡すことになります。

すると、漢民族の一部は異民族支配を嫌って一斉に華中[＊06]へと移住を始めました。

こうした動きを「漢民族はさらにその居住地域を拡げた」と解釈することもできますが、華北に残った漢民族は北方民族との混血[＊07]が進み、華中に移民した漢民族は土着民[＊08]との混血が進んでその純血性は失われていきましたから、この時点で「漢民族は消滅した」と解釈することもできます。

したがって、古くは「漢民族の統一王朝は秦・漢・晋・隋・唐・宋・明」とされてきましたが、最近の研究で秦は〝西戎〟出身であることが疑われ、隋・唐は鮮卑族[＊09]、宋はトルコ系沙陀《さだ》族というのが明らかとなり、明は〝雑婚によって血の薄くなった漢民族〟です。

[＊04]　これも軍部同様、外戚（皇后の親戚）が王朝を簒奪しないようにするためでした。中国などは歴代王朝、外戚の弊害をどうしても払拭することができませんでしたが、オスマンはこうした習慣によって外戚の脅威を除いたのでした。

[＊05]　ドイツ語の「Reich（ライヒ）」には「帝国」という意味はないにもかかわらず、これを意訳して「帝国」と訳すことが多いように、トルコ語の「Devlet（デブレット）」も、それ自体には「帝国」という意味はありませんが「帝国」と意訳します。

[＊06]　凡そ、華北が黄河一帯、華中が長江一帯、華南が珠江一帯。

[＊07]　特に北魏王朝の「漢化政策」により急速に混血が進みました。

[＊08]　当時の華中以南には、現在のベトナム系民族が住んでいました。

こうして、〝純粋な〟漢民族王朝は、漢・晋の2つだけとなってしまいました。

ただ、何を以《もっ》て「漢民族」とするかは難しい問題を孕《はら》む［＊10］ため、秦・明は解釈次第《グレイゾーン》となります。

華僑の発生

欧州《ヨーロッパ》では近世が開けたのは、この〝最後の漢民族王朝〟とも言われる「明」の時代です。

しかし、彼らが海を越えてさかんに接触するようになってきたとき、当時の明朝は建国以来「海禁［＊11］」政策を採っており、朝貢以外の交易は認めない［＊12］という方針《スタンス》です。

朝貢とは「外国君主が中国皇帝を自らの主君であると認めて定期的に貢物を贈り、これに対して中国皇帝が下賜品を与える」という外交儀礼で、こんなものをスペインやオランダが認めるはずもなく、地球の裏側からはるばるやってきて求愛（通商要求）したというのに肘鉄を喰らった形となります。

とはいえ、欧州《ヨーロッパ》との交易が開けばその旨味《ウマ》が大きく、華南地方の商人たちは貿易をしたい！

〝肘鉄を喰らって行き場を失った欧州《ヨーロッパ》人〟と〝明朝とは関係なく直接交易したい華南商人〟の利害が一致して、両者間で密貿易が横行するようになりました。

しかしこれは国家反逆罪、捕まれば死罪は免れません。

そこで華南商人たちは海賊となって生き残りを図る者（後期倭寇）、拠点を海外に移して密貿易に携わる者が多数現れるようになります。

その傾向は明朝の統制が弛緩《しかん》してくるとさらに拍車がかかるようになり、こうして永年にわたって海外に移住した者たちの末裔が現在の「華僑」となっていったのです［＊13］。

国を失った民族がたどる道

20世紀末、当時世界に冠たる経済大国だった日本に追従するアジアの「新興工業経済地域《NIEs（ニーズ）》」として発展してきた〝四小龍《スーシャオロン》［＊14］〟は、韓国以外すべて華僑・中華系の国であり、他にもタ

［＊09］鮮卑族は、モンゴル系・トルコ系・ツングース系、あるいはそれらの混血説、各説あってよくわかっていません。

［＊10］要は、「DNA」を重視するか、「文明」を重視するか。現在の中国政府は、公式見解として「中国人民の92％は漢民族」という主張を繰り返していますが、「DNA」的な観点から見れば「漢民族は魏晋時代に消滅」していると断じてよいでしょう。しかしながら、元来、中国人は民族より文明を重んじる民族ですので、漢民族を「中華文明の継承者」という意味合いを加味するなら、それも間違いとは言い切れません。

［＊11］私的な貿易や海外渡航を禁止する政策。よく日本の「鎖国」と比較される。

［＊12］ただし、ポルトガルだけは利益を重視して朝貢を認めたため、交易が許され、その居留地としてマカオが与えられました。

［＊13］中国人の海外への移住は昔からありましたが、本格化するのはこのころから清朝にかけてでした。

イやマレーシアなど、東アジアの沿岸地域は華僑の影響力の強い国は多い。

ここでも触れた華僑を始め、ユダヤ商人や印僑[＊15]など、洋の東西と古今を問わず、集団的に祖国を出て異国の地に住むようになった民族は、国家という保護を失うため、たいていは異郷の地に〝共同体《ディアスポラ》[＊16]〟を形成して守りを固め、商いに精を出して経済力を付けて身の安全を図ろうとします。

財力だけが彼らにとっての「安全保障」ですから、文字通り〝命懸け〟で商売に精を出すため、大富豪も生まれやすい。

しかしながら、こうした行動は現地では〝社会に同化しようとしない異分子〟〝余所者《よそ》〟が財力で我々を虐《しいた》げている〟となり、かえって迫害の原因ともなることもしばしば。

移民の法則⑭

移民は身を護るため、移住先の国の中に「共同体《ディアスポラ》」を造ることが多いが、その国の民には〝異分子〟と映り、かえって民族間対立を助長させる。

生物というものは、本能的に共同体《コミュニティ》の中に〝異分子〟が入ることを嫌います。

自然界の厳しい生存競争を勝ち抜くのに「異分子を排除して共同体《コミュニティ》の団結を高める」ことが

極めて有効だったため、この戦略で子孫を紡《つむ》いできた生物は〝本能《DNA》〟の奥底に「異分子排除命令」が深く刻み込まれているからです。

人間もその例外ではありません。

「人類みな兄弟！」「違う者も受け容れよう！」などという綺麗事では済まない、生物としての本能が〝異分子〟に対して拒絶反応を起こすのです。

ユダヤ人や華僑が差別や迫害の歴史を歩んできたことは人口に膾炙《かいしゃ》していますが、日本では「在日」と呼ばれる人々がこれに当たります。

こうして、我々の目の前にある状況も、歴史を紐解いたとき、その本質や理由が見えてくるようになります。

［＊14］　韓国・台湾・香港・シンガポールの４ヶ国。
日本を「大龍」として、これに追従する国、という意味合いで名付けられました。

［＊15］　華僑のインド人版。「世界三大商人」と呼ばれる人々は、華僑・印僑・ユダヤ商人で、そのすべてが〝亡国の民〟。

［＊16］　「ディアスポラ」は、広義ではこうした共同体全般を、狭義では特にユダヤ人が世界各地に作った共同体を指します。

第5章 そして、現代へ…

現在、リアルタイムで移民問題に悶絶する国々。

移民によって生まれた英・仏・独は、移民によって悶絶し、亡びに向かう。

イギリスだけがサッカー世界大会《ワールドカップ》に「4代表」を出す理由

最終章では、「移民」という観点に立ったとき、現代の主要諸国はどのように成立していったのかを紙幅の許す限り見ていくことにしましょう。

まずはイギリスから。

ブリテン島に初めて現生人類《ホモ・サピエンス》が入植してきたのは3万年前［*01］で、彼らはストーンヘンジで有名な巨石文明を築きましたが、この時代のことはよくわかっていません。

その後、古代に入ってまもなく（紀元前2600年ごろ）、この島には印欧《インドヨーロッパ》系が段階的に入植しはじめ、ブリテン島はケルト人の〝楽園〟となっていました。

ところが古代末、すでに第3章で学んでまいりましたように、4世紀の「ゲルマン民族の大移動」が起こると、その一環として5世紀には東の海を割ってアングロサクソン人たちがこの〝ケルトの楽園〟に侵寇してきたのです。

これにより、ケルト人たちはブリテン島中央から駆逐されていき、

・北に逃れた者たちは現在のスコットランド人に、
・西に逃れた者たちは現在のウェールズ人に、
・さらに海の向こうに逃れて現在のアイルランド人に、
・南に逃れた者たちは現在のブルターニュ人になっていきました。

これが現在の民族配置となっていますから、そもそも「イギリス人という民族」など存在せず、現在のイギリスはブリテン島中央部に住むゲルマン系アングロサクソン族と、北部に住むケルト系スコットランド人と、西部に住むケルト系ウェールズ人が「連合王国《ユナイテッド・キングダム》」を築いているにすぎません。

サッカーの世界大会《ワールドカップ》においてイギリスだけが「イングランド代表」「スコットランド代表」「ウェールズ代表」「北アイルランド代表」の4代表を出場させることが出来るのも、こうした歴史的背景があってのこと［＊02］ですが、政治的にはスコットランドにおいて定期的に独立の機運が高まる［＊03］のも、アイルランドでテロ事件が頻発するのも、こうした民族移動の歴史

［＊01］それ以前までは、ホモ・ハイデルベルゲンシスや、ホモ・ネアンデルターレンシスといった化石人類が棲んでいましたが、いずれも氷河期の寒さに耐えきれず絶滅、または大陸に移住して姿を消していきました。

［＊02］他にも「サッカー発祥の地」への敬意と配慮など、複合的な理由がありますが。

が背景にあるのです。

移民と混血の国・フランス

さて、ドーバー海峡を挟んでお隣のフランスは、紀元前1千年紀まではケルト人が多く住む土地[＊04]でしたが、

・紀元前1世紀、そこに南からローマが攻め上ってきてラテン化し、
・紀元後4世紀、今度は北からゲルマン系が侵寇してきてゲルマン化し、
・紀元後5世紀、さらに西からケルト系が侵入[＊05]してきた歴史を持つ、いわば〝移民と混血によって生まれた〟ような国です。

一般的にフランス人は「ラテン系」と言われていますが、事はそう単純ではなく、漢民族が

[＊03] 2014と17年に、独立を問う住民投票が行われましたが、いずれも否決されました。
[＊04] カエサルの敵将であった、ケルト系ガリア人の英雄ウェルキンゲトリクスが「フランス人初の英雄」と言われています。
[＊05] ブルターニュ人のこと。もっとも、彼らはもともと大陸側に棲んでいたのに、ゲルマンに圧されてブリテン島に渡り、さらにアングロサクソン族に圧されて大陸に戻ってきた者たちなので、「侵入」というよりは「帰還」と表現するべきかもしれませんが。

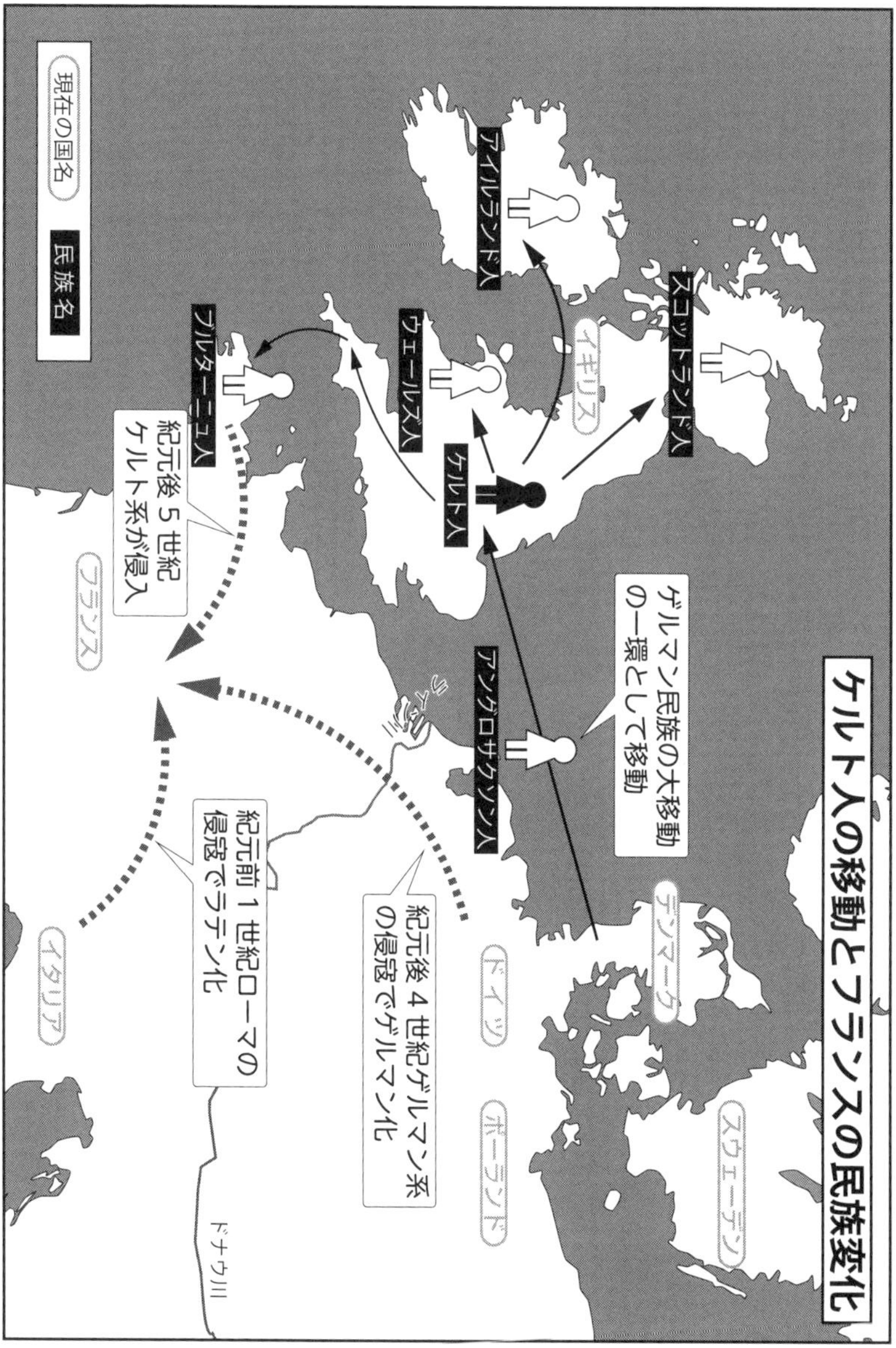
ケルト人の移動とフランス人の民族変化
現在の国名
民族名
アイルランド人
スコットランド人
イギリス
ウェールズ人
ブルターニュ人
ケルト人
アングロサクソン人
ゲルマン民族の大移動の一環として移動
紀元後５世紀
ケルト系が侵入
フランス
ライン川
紀元前１世紀ローマの
侵寇でラテン化
紀元後４世紀ゲルマン系
の侵寇でゲルマン化
イタリア
ドイツ
デンマーク
ポーランド
スウェーデン
ドナウ川

「四方から侵入してきた夷狄蛮戎《いてきばんじゅう》の混血が均質化」した民族であったように、フランス人もまた「ラテン人とゲルマン人とケルト人の混血が均質化」したものです。

したがって現在でも、フランス人自身が「我々はどの民族に自らの自己認識《アイデンティティ》を求めればよいのか」と頭を抱えるほどです。

フランスに黒人が多い理由

とはいえ、ケルト系もラテン系もゲルマン系も、本《もと》を糺《ただ》せばすべて印欧《アーリア》系白人ですから、我々アジア人から見る分にはたいした違いもわかりません。

しかし。

さらにややこしいことに、現在パリの街並みを歩くと思いの外《ほか》黒人が多いことに気づきます。

じつは、彼らもまた歴《れっき》としたフランス国籍を有した〝フランス人〟です。

サッカーW杯《ワールドカップ》でもフランス代表の選手は身体能力の高い黒人ばかりで、「〝フランス代表〟ではなく〝アフリカ代表〟では？」と揶揄《やゆ》されることがあるほどです。

統計的に見てみても、現在フランスの総人口6700万人のうち、移民（とその子孫）が1200万人で、なんと「5人に1人は移民」というたいへんな〝移民大国〟ですが、中でも黒人系は500万人とその割合が群を抜いています。

フランスにはなぜこんなにも黒人移民が多いのでしょうか。

その歴史的背景は今から200年ほど前にまで遡《さかのぼ》ります。

じつはフランスでは、あの有名なナポレオン1世が失脚（1814年）したあと、ブルボン王朝が復古していましたが、これがたいそう国民の人気が悪く、時の国王シャルル10世は〝人気取り政策〟の一環としてアルジェリア出兵（1830年）をかけました[＊06]。

「人気取りのための侵掠《しんりゃく》戦争」というと、こと「戦争」に拒絶反応《アナフィラキシー》を示す現代日本人には反発を覚えるかもしれませんが、戦争ほど容易に国民の支持を集められる〝政策〟は他になく、洋の東西と古今を問わず、国民からソッポを向かれた無能政治家が安易に頼りたがる策[＊07]です。

こうしてアルジェリアを制圧したフランスは、まもなくこれを直轄領に組み込んで、王国の中の「アルジェリア県」にしてしまいました。

これは、フランスが「断じてアルジェリアを手放さない」との意思表示でしたが、そのため

[＊06]　直接の戦争口実は1827年の「扇の一打事件」。当時の駐フランス領事がアルジェ太守を愚弄し、怒った太守が領事を扇で叩いた事件。

[＊07]　アメリカ合衆国が大統領選が近くなるたびに好戦的になるのも、戦争を起こすことで国民の支持を集めて選挙に勝つためです。どんな選挙演説より、謀略より、戦争がもっとも効果的なのです。

海外領土であるアルジェリアがフランス本国と同列扱いとなり、パスポートなしに往来が可能となります。

そうなれば、貧しいアルジェリアの原住民（黒人）が職と食を求めて大量にフランスに移民してくることになり、これが、現在に至るまでフランスに黒人が多い背景となりました。

〝禁断の果実〟を齧《かじ》ったフランス

追い打ちをかけるように、19世紀の末からフランスでは少子化問題が起きたうえ、さらに20世紀前半に立てつづけに2度にわたる世界大戦のために多くの若者が戦場に散ってしまったため、フランスは深刻な労働力不足に陥ります。

「少子化」「深刻な労働力不足」とくれば、現在の日本が抱える状況とよく似ていますから、このときのフランスの対策とその結果は、日本にとってもたいへん参考になります。

では、このときのフランスはどのようにしてこの試練を乗り越えようとしたのでしょうか。

それは、今の日本でも議題に上がっている「移民の受け容《い》れ」でした。

――内に不足する労働力を、外から注入することで補塡《カバー》する。

それは一見、たいへん単純《シンプル》かつ最小の努力で最大の効果をもたらす策にみえますが、そうした短絡策ほど落とし穴が用意されているもの。

美しい薔薇《バラ》には棘《トゲ》があり、撒き餌《まえ》の近くには罠があり、ウマイ話には裏があるように、「後先を考えない近視眼的な政策」は国や民族を亡ぼすことになります。

例えば将棋でも、強い棋士は5手先10手先を読んだ上で〝次の一手〟を打つのであって、そのためには当たり（次で取れる駒）があっても敢えて取らず、場合によっては強い駒を犠牲にすることもあります。

逆に、後先考えず目の前の当たりを取りつづければ、その一手のために5手先10手先で追い詰められていくことになります。

政策も同じです。

場合によってはそのときの国民にたいへんな負担や苦難を強いることになったとしても、100年後200年後の未来を見据えたうえで現政策を打ち出されなければなりません。

案の定、この「移民政策」こそ決して手を出してはならない〝禁断の果実［＊08］〟でした。

移民の法則⑮

移民受け容れ政策は〝禁断の果実〟。一見おいしそうに見えても甘いのはほんの一瞬、すぐに苦みに変わり、解毒剤のない猛毒となって全身に回る。

しかしフランスは、アダムとイブよろしく、あっさりとこの〝禁断の果実〟に手を出してしまいます。

フランスにテロが多い理由

たしかに近視眼的に見れば、移民の受け容れは労働不足の解消に役立ったかもしれません。しかしそれは、喉の渇きを海水で潤そうとするようなもの。

それで喉が潤うのはほんの一瞬、すぐに喉をかきむしるような強烈な口渇《こうかつ》が襲い、その先に待っているのは〝死〟だけですが、今回の「移民の受け容れ」も、社会にとって経済効果があったのはほんの一瞬、すぐにフランスは〝永久に解決できない塗炭の苦しみ〟に喘《あえ》ぐことになります。

安い賃金で一生懸命働く移民は、土着のフランス人［＊09］の失業を加速させるようになって、フランス社会の中に深刻な怨恨・対立が生まれることになります。

しかも、すでに見てまいりましたように「外」から入ってきた異民族というのは、異郷の地にあって宗教も価値観も風習も何もかもが違うため、〝共同体《ディアスポラ》〟を作りたがるもの。

これは社会にとって〝異物〟と認識され、それは排斥運動となっていく［＊10］ことはすでに見てきたとおりです。

こうして国内には深刻な民族問題となり、ときに迫害も起きますが、移民の立場からすれば、都合のよいときだけ自ら招いておきながら、都合が悪くなったら「出ていけ」では理不尽きわまりありません。

当然、移民たちは自らの身を護らんとしていよいよ結束を固めますから、治安は悪化の一途をたどるようになります。

現在フランスではテロが頻発していますが、これも背景には移民たちの不満があります。

笑顔に満ちた平穏な生活が、鼓膜を破るような突然の爆音とともに血が飛び散り、死体が転がり、叫喚が渦巻く地獄絵図と化すテロがパリの真ん中でいつ起こるかわからない生活がつづくようになるのです。

外から入ってくるテロリストならまだ対策もあります。

監視の目を厳しくすることである程度水際で食い止めることもできます。

［＊08］『旧約聖書』（第2章 第9節〜）の中で、一見おいしそうに見えながら、その魅惑に敗れてひとたびかじったが最後、永久に拭うことのできない災いが降りかかってきた、あの〝禁断の果実〟です。

［＊09］何を以て「フランス人」とするかはさまざまな問題がありますが、ここでは、永年にわたってこの地に展開した〝アーリア系（ケルト系・ゲルマン系・ラテン系の混血）フランス人〟を指します。

［＊10］人間（有機体）の中に気管を通してウイルスが侵入すれば咳をして排出しようとし、傷口から血中に入ればキラー細胞がこれを殲滅しようとします。

しかし、すでに何世代にもわたってフランスに住みつづけ、国籍も持つ移民の子孫までは選別が難しく防ぎようもありません。

ドイツの形成

さて、フランスとアルザス・ロレーヌ州で国境を接するお隣同士のドイツも、移民の連続で生まれた国です。

- まず、紀元前2000年ごろの「寒冷期《イベント3》」によって北欧に入植した民族が、
- 紀元前8世紀ごろの「寒冷期《イベント2》」が襲いかかるとともにエルベ・ライン河間に移住し、
- その後、12世紀の温暖化を背景として、プロイセン・シュレジエン地方に拡大［＊11］

——と大きく3度にわたる民族移動によって、14世紀までにドイツ人の居住地域は定まっていったことはすでに見てまいりましたが、このころのドイツは「神聖ローマ帝国《ハイリゲス・レーミッシェス・ライヒ》」です。

しかしその帝国《ライヒ》も17世紀前半の30年にもおよぶ内乱［＊12］を契機《きっかけ》として解体が進み、ドイツは領邦《ランデスシュタート》（戦国大名）が濫立する分裂状態が永らくつづくようになりました。

以降、ドイツ人にとって「天下統一《ドイツ》」は民族の宿願となりましたが、これを成し遂げたのがプロイセン王国の宰相ビスマルクです。

彼の天才的采配によって、夢にまで見た統一が2世紀ぶりにドイツにもたらされ、「第二帝《ツヴァイテラ》

国《イヒ》［＊13］」が成立したものの、第一次世界大戦に敗れたため、これは半世紀と保《も》たずに滅亡してしまいます。

その再建を夢見たA《アドルフ》・ヒトラーが「第三帝国《ドリッテライヒ》」を創りましたが、これもやはり第二次世界大戦に敗れて12年で崩壊してしまったことはよく人口に膾炙《かいしゃ》していますし、本旨からもズレますのでここでは多く語りません。

20世紀に再現された「涙の旅路」

さて、大戦後、ドイツに課せられた処置はきわめて厳しいもので、これがつぎなる「移民」を生み出します。

戦後、国土が東西に分断。

さらには、12世紀以来ドイツ人が植民していたオーデル川・ナイセ川以東のドイツ領（国土

［＊11］　第3章で学んだ「東方植民」のこと。
［＊12］　1618〜48年の「三十年戦争」のこと。以降、神聖ローマ帝国とは名ばかり、実体のないものとなり果てました。
［＊13］　神聖ローマ帝国を「第一帝国」として、ドイツ人にとって2回目の統一帝国なので「第二帝国」と呼ぶことがあります。

の4分の1ほど）をほとんどポーランドに割譲［＊14］させられたばかりか、この地に住むドイツ人が強制的追放処分とされたのです。

連合国側が〝秩序ある人道的な〟と形容した強制移住は酷寒の冬の中で強行され、1650万ものドイツ人が住みなれた土地を追われたため、その途上、饑餓・凍死・病死・殺戮［＊15］によって1000万とも2000万とも言われる人々が国境（オーデル・ナイセ線）を越える前にぱたぱたと死んでいきました。

強制移住を強行されたドイツ人目線から見れば、これは現代に再現された「バビロン捕囚」か「涙の旅路［＊16］」か。

紛《まご》うことなき〝蛮行〟です。

しかし、ポーランド人目線から見れば、この強制移住のおかげでポーランドは世界でも数少ない「単一民族国家［＊17］」に生まれ変わることができ、民族問題を排除することが可能となったのです。

逆に言えば、ひとたび移民を抱えたが最後、そこまでの蛮行に訴えなければ、過去に立ち戻ることはできないということでもあります。

戦争責任をヒトラーひとりに押しつけたドイツ国民

ところで、戦前ヒトラーは「アーリア人種こそが世界を支配するに値する人種である！」としてドイツ人の優等性を唱える人種差別政策を行い、その純血性を重視しました。

したがって、ユダヤ人［＊18］や少数民族などは〝劣等民族〟と決めつけ、障害者・同性愛者などは〝生きるに値しない命〟として社会から疎外したばかりか、結婚を禁止し、のちには収容所送りにして殺していきます（ホロコースト）。

その数たるや、ユダヤ人が600万人［＊19］、障害者・同性愛者が20万人とも言われる大規模なものとなりました。

ただ、巷間こうしたヒトラーの残忍な部分だけが切り取られてヒトラーへの個人攻撃がされることが多いですが、それは歴史が側面的にしか見えていない人の浅識にすぎません。


［＊14］そのうち東プロイセン北部だけはポーランドではなくソ連に割譲されましたが。

［＊15］「積年の恨みを晴らす」とポーランド人から襲撃を受け、多くの人が殺されていきました。

［＊16］バビロン捕囚は「第1章」で、涙の旅路は「第4章」ですでに学んできました。

［＊17］完全な「単一民族国家」は存在しませんが、一般的に「同一民族の占める割合が全人口の95％以上」を占めれば、単一民族国家とみなされます。その条件でも、他には日本・朝鮮・韓国・ポルトガル・アイルランドなど、数えるほどしかありません。

［＊18］両親・祖父母のうち1人でもユダヤ人がいれば「ユダヤ人」認定された（アーリア条項）。

［＊19］被害者であるユダヤ人が主張している数字なので信憑性は低い。最新の研究では多くても200万人、実際にはそれよりずっと少ないと考えられています。

当時のドイツは第一次世界大戦の後遺症で政治は混乱し、経済は破綻《はたん》し、国民は民族の誇りを失い、社会は無規範《アノミー》に陥っており、これを恢復《かいふく》するためには、好むと好まざるとにかかわらず国粋主義に偏《かたよ》らざるを得なかった――などの諸事情があったことも汲《く》まなければなりません。

とはいえ、それを差し引いてもヒトラーはあまりにも〝極端〟に走りすぎました。

ゴムは引っぱれば引っぱるほど切れたときの衝撃が大きいように、物事すべて森羅万象、極端に走ればかならずその〝反動〟も極端に大きくなります。

案の定、ヒトラーのこうした極端な排他政策は、大戦が終わるとともに大きな〝反動〟となって返ってきました。

戦後のドイツ人は「国民」と「ヒトラー」を切り離し、ヒトラーを生贄《スケープゴート》として戦争責任をすべて〝ヒトラー個人〟に押し付けることで、「ドイツ国民はあくまでヒトラーに操られた被害者」という立ち位置を確保して責任回避を図ります。

その結果、現在では多くの人々がこの政治喧伝《プロパガンダ》を真に受け、「第二次世界大戦の戦禍はすべてヒトラー一個人のせい」と思うようになり［＊20］、その意味ではドイツの戦略は成功したといえます。

しかしそのために、戦後のドイツは上は政府から下は国民までヒトラーを全否定しなければならなくなり、ふたたび〝極端〟へと突き進まざるを得なくなります。

極端から極端へ

こうして、戦後のドイツは上から下まで政治も教育も文化もすべて「反ヒトラー」一色で雁《がん》字搦《じがら》めに固められていくことになります。

ヒトラーが「極端な排他的民族主義」を取ったなら、戦後のドイツは「極端な多文化主義」。

「多文化主義」とは、「ひとつの国家・社会の中において、異なる文化を尊重し、それぞれの民族が対等な立場で共存するべきである」という考え方です。

――極端は極端を生む（Extremes beget extremes.）――

…とはイギリスの諺《ことわざ》ですが、せっかく〝極端（排他政策）〟から解き放たれたのに、戦後その足で反対側の〝極端（多文化主義）〟に向かって爆走するドイツ。

お題目はご立派。しかし。

――琵琶《びわ》の弦、締めりゃ切れるし、緩めりゃ鳴らぬ。――

中国では老子が「中庸」、インドでは釈迦が「中道《マッジマパティパダ》」、ギリシアではアリストテレスが

［＊20］そもそも「戦争責任」などという概念自体が戦勝国サイドの勝手な主張にすぎません。戦争というものは、国民の意向を無視してたったひとりの独裁者の欲望で起こるものでもありませんし、戦争原因が敗戦国にのみ帰するわけでもなく、的外れ極まりない主張です。

「中間《メソテース》」を唱え、洋の東西を問わず、古《いにしえ》の賢哲たちはみな口を揃えて「極端に走ることの愚」を説いてきましたが、ドイツは戦前においてこの過ちを犯し、そして戦後も犯しつづけることになったのです。

こうして戦後のドイツも〝禁断の果実（移民）〟をあっさりと口に入れて（受け容れ）しまいました。

メルケル首相の無知無能

当初ドイツは「困っている人は移民として受け容《い》れるが、あくまでも一時期的なもので、落ち着いたらそれぞれの祖国に帰ってもらう」と考えていたようですが、祖国で生きていけなくなった難民たちが〝安住の地〟を得て祖国《くに》に戻ろうとするわけがなく、逆に家族を呼び寄せる移民があとを絶たず、移民の数は増える一方となります。

その数たるや、戦後の四半世紀（～70年代）だけで200万人、つぎの四半世紀（～90年代）にはドイツ国民の1割弱が移民という状態になりましたが、これにさらに拍車をかけたのがメルケル首相です。

「移民を無制限に受け容れる！」

「彼らの衣食住は我々の税金で保障する！」

「援助が必要とされる人を援助しない人を我がドイツは容認しない！」

……と宣言（２０１５年）し、これに反対する者は「恥さらし」「右翼の過激派」「ネオナチ」と決めつける暴走ぶり。

　そんなことをすればドイツ社会がどうなるか、彼女にはまったく理解できなかったようです。

ドイツが移民問題に悶絶する理由

　なるほど、口上だけはご立派。

　しかし、ロベスピエール然り、レーニン然り、毛沢東《マオツォトン》然り[＊21]、政治に〝理想論《きれいごと》〟〝極論〟を持ち込めば、かならず破綻《はたん》することは歴史が証明しています[＊22]。

　彼女の言葉を受けて、ドイツには難民が殺到することになりましたが、人種も違う、言葉も違う、文化も宗教も行動様式《エートス》もまったく違う数多くの移民がひとつの社会に入り込めば、さま

［＊21］彼らも、初めは自分の頭の中だけで紡ぎ出した〝理想〟をまじめに政治に反映させようと励みますが、それが〝現実〟の前に打ち砕かれると、たちまち「独裁者」となって暴虐の限りを尽くす暴君となっていきました。

［＊22］政治に〝理想〟を持ち込もうとするのが「左派」、〝現実〟を護ろうとするのが「右派」。どちらに偏ってもうまくいくことはなく、何事も「中庸」が肝心。

ざまな社会問題が生まれることはすでに見てきたとおりです。

言葉の壁、価値観・宗教の違い、その他諸々の障害によって異文化社会に馴染めず、移民の40％は失業者となり、彼らに支払われる生活保護費はドイツ国民が汗水流して働いた血税から支払われることになります。

こうして衣食住をドイツ人の血税で賄《まかな》ってもらいながら、所詮は「異民族」、移民《エミグレイト》側ではさして恩義も感じません。

それどころか、あちこちで移民による凶悪犯罪が発生し、移民による犯罪率の高さはドイツ人によるそれを大きく凌駕し、治安は悪化の一途をたどります［＊23］。

ドイツ人にしてみれば、「住むところを与えてやり、そのうえタダで食べさせてやっているのに、これを恩義に感じないどころか、犯罪の温床となって我々に牙を剝《む》くとは！」と怒りが収まることなく、やがてドイツ社会の中から「移民どもは出ていけ！」と排斥運動が起こるようになりますが、それも宜《むべ》なるかな。

移民政策の失敗で、もはや〝詰み〟の状態にあるドイツ

しかし、こうした惨状を目の前にしても、メルケル首相は打つ手がありません。

なんとなれば。

これまで様々な国と地域で見てきたように、「移民」というものは一度でも受け容《い》れてしまえば、それで〝詰み〟だからです。

ことほど左様に、「移民政策」とは、一度足を踏み入れたが最後、「しまった！」と気づいて足を抜こうとしてもすでにあとの祭。

あとは藻掻《もが》いても藻掻いてもズブズブと落ちていく〝底なし沼〟であり、二度と後戻りはできません。

メルケル首相は、なんとか移民をドイツ社会に溶け込ませようと、さまざまな〝同化政策〟を講じますが、移民にも民族の誇りがありますから、そんなものは戦前の日本の「皇民化政策」同様、うまくいくわけもなく。

こうして、ひとつの社会にひとたび異民族が入り込んだが最後、かならずその社会の文化は破壊され、秩序は破れ、社会は頽廃《たいはい》し、国は亡びへと向かいます。

しかも、ドイツ人の少子化はつづき、移民は子だくさん。

今後もどんどん移民の子孫は増えつづけ、治安は悪化しつづけ、テロが横行し、混血が進んで、あれだけヒトラーが護ろうとした「ドイツ民族」はほどなく地球上から消えさるでしょう。

［＊23］　外から入ってきた移民による犯罪率が高いのは、いつの世もどこの国でも同じで、ドイツに限ったことではありません。

今さらどれほど後悔しようとも、如何に恋い焦がれようとも、二度と永久に〝古き佳《よ》き〟時代に立ち戻ることはできません。

繰り返されてきたこうした歴史的事実を彼女《メルケル》はまったく理解できず、おどろくほどあっさりと〝底なし沼〟に足を踏み入れてしまった結果でした。

——歴史から教訓を学ばぬ者は、過ちを繰り返して亡びる（W・チャーチル）——

狙いを定めた地の民族を皆殺し《ジェノサイド》にしてから植民するのが〝恐《おそ》ロシア〟の常套《とう》手段！

東欧世界に拡がっていったスラヴ系

紀元前2千年紀、おもに西欧に拡がっていったのがゲルマン系であったのに対し、東欧に拡がっていったのがスラヴ系です。

彼らはドニエプル川中流域に発祥しましたが、その後、西からゲルマン系［＊01］、東からアジア系［＊02］などからつぎつぎと侵寇され、彼らに押し出されるようにして現在の東欧全体に拡散していくことになります。

まずキエフを中心にドニエプル川一帯に拡がっていった部族が「東スラヴ人」となり、西へと逃れていった部族が「西スラヴ人」となり、南（アドリア海沿岸）へと南下していった部族が「南スラヴ人」となっていき、さらに、それぞれが入植地の土着民と混血しながら枝分かれし、東スラヴ人は、北から順にロシア人・ベラルーシ人・ウクライナ人、西スラヴ人は、北にポーランド人、南西にチェック人、南東にスロヴァキア人、南スラヴ人は、北から順にスロヴェニア人・クロアティア人・セルビア人…と、現在に至る諸民族が形成されていきます。

ロシアの〝幼児体験〟

ところで9世紀に入ると、北欧を中心にノルマン民族が活発化[＊03]したことはすでに述べましたが、その影響で北のノルマン人と南のビザンツ帝国を結ぶ交易路「ヴァリャギからグレキへの道[＊04]」が拓《ひら》けます。

ロシア人はちょうどその交易路上に位置していたため、これに触発されて国家建設に向かい、

［＊01］ゴート族など。

［＊02］フン族・アヴァール族・ブルガール人・マジャール人など。

［＊03］第3章で触れた「ノルマン民族の大移動」のこと。

［＊04］「ヴァリャギ」とはノルマン人を、「グレキ」はギリシア人を意味し、この2つを繋ぐ交易路のこと。いくつかのルートがありましたが「スウェーデン～バルト海～ネヴァ川～ヴォルホフ川～ドニエプル川～黒海～コンスタンティノープル」をたどるルートが有名。

やがて「ノヴゴロド公国（862年）」が建設されましたが、これがロシアの起源となります。

しかし、神がロシアに与えた試練は厳しいものでした。

ノブゴロド公国から分封されたキエフ公国の時代に天下《ロシア》統一を果たしたものの、それも束の間、その後ロシアは戦国の様相を呈していくことになります。

さらにそんな折、13世紀には西からゲルマンの侵寇［＊05］、東からモンゴルの侵寇を受けてロシアは「タタールの軛《くびき》［＊06］」と言われる受難の時代を迎えました。

こうした経験が〝幼児体験〟となって、ロシア人の心の奥底に〝強迫観念〟が深く刻まれることになります。

——殺《や》られる前に殺《や》らねば、こっちが殺《や》られる！

ロシアが世界最大の領土を持つことになった理由

ロシアという国は、気候は寒冷にして、国土は森と氷に鎖《とざ》された辺境にあり、お世辞にも農

［＊05］第3章で学んだ「東方植民」のこと。

［＊06］「タタール」とは〝モンゴル人〟、「軛（くびき）」とは〝犂や車を牛馬に繋ぐ木製器具〟のこと。

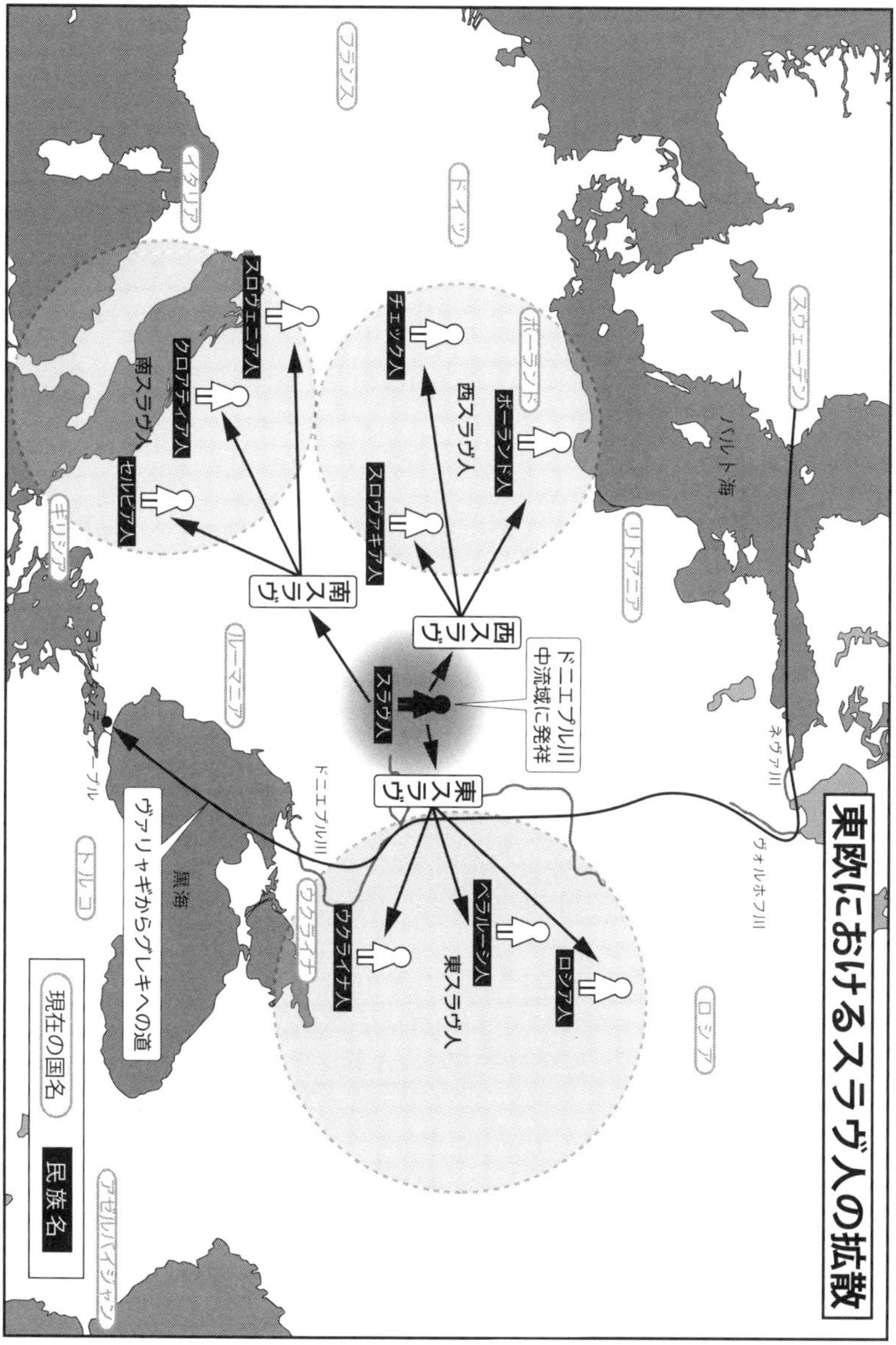
東欧におけるスラヴ人の拡散
ドニエプル川中流域に発祥
スラヴ人
西スラヴ
南スラヴ
東スラヴ
西スラヴ人
ポーランド人
チェック人
スロヴァキア人
南スラヴ人
スロヴェニア人
クロアティア人
セルビア人
東スラヴ人
ロシア人
ベラルーシ人
ウクライナ人
ヴァリャギからグレキへの道
バルト海
黒海
ネヴァ川
ヴォルホフ川
ドニエプル川
フランス
イタリア
ドイツ
ポーランド
スウェーデン
リトアニア
ルーマニア
ギリシア
トルコ
ウクライナ
ロシア
アゼルバイジャン
現在の国名
民族名

耕に適した環境とは言えません。

したがって人口密度を高めることができず、人口が増えればどうしても〝外〟へと植民せざるを得ない宿命を負っていました。

加えて、歴史的には四方から異民族の侵寇を受け、永きにわたってその支配下に置かれるという〝幼児体験〟を重ねたことで、本能的に「領土を拡げてこれを〝緩衝帯《バリア》〟とする」ことで身を護ろうとする[＊07] ロシア人特有の民族性を纏《まと》うようになっていきます。

「移民（民族移動）」によって生まれたロシアは、

「移民（侵寇）」によって辛酸を味わわされたあと、

「移民（膨張政策）」によって領土を拡大していくことになったのです[＊08]。

とはいえ、ロシアは欧州《ヨーロッパ》の東の辺境にあって、北は氷の海に覆われ、西はスウェーデンが立ち塞がり、南はオスマンに遮《さえぎ》られていたため、「軛《くびき》」が明けて以降、その矛先をとりあえず東（シベリア）へと向けることにします。

その際、ロシアの支配は巧妙でした。

彼らは「タタールの軛《くびき》」を通してモンゴルから〝支配ノウハウ〟を学んでいましたから、これに倣って、新たに支配下に入れた地の行政・経済・社会システムをそのまま温存し、その地の国家元首の地位に就き、中央に税金を納めさえすれば自治を認めるようにします。

ロシア皇帝の肩書きが「インペラトール」「絶対君主」「ツァール」「領主」「大公」「公王」

「最高君主」「相続人」など多岐にわたるのはそのためです。

こうして、ロマノフ朝第5代ピョートル大帝のころまでにはシベリアの大半を制圧、ついに、当時東アジアで覇を唱えていた清朝と衝突するまでになりました。

そこで彼は、ネルチンスク条約を結んで外興安嶺《スタノヴォイ》からアルグン川にかけてを国境としつつ、さらに東進してついにベーリング海峡を越えます［＊09］。

その後、清朝がアロー戦争で英仏に帝都近郊まで攻め込まれるや、その弱味につけ込んで愛《アイ》琿《グン》条約（1858年）・北京条約（1860年）を結んで外《がい》満洲［＊10］を奪取、これが現在に至るまでの中露国境となりました。

また、ピョートル大帝のころから東方《シベリア》方面と並行して西方《スウェーデン》・南方《オスマン》方面にも積極的に侵寇しはじめ、大北方戦争や露土戦争［＊11］などを経て、バルト海から黒海・カスピ海を経てアラル海に至る地域［＊12］を順次併呑し、これをロシアの安全保障の盾〝緩衝帯《バリア》〟としていくことに

［＊07］人間でも、幼少期に暴力・虐待の環境下に置かれていた者が、長じて極端に「攻撃的」な性質になることがありますが、これは〝怯え〟の心理の裏返しにすぎません。

［＊08］その結果、現在では中国やアメリカの領土をダブルスコアで引き離し、断トツで世界最大の領土を誇るまでになります。

［＊09］ただし、アラスカ経営に失敗して、のちにこれをアメリカに売却して、ベーリング海峡以東を放棄してしまいますが。

［＊10］外興安嶺以南・黒竜江以北・ウスリー江以東の地。

成功します。

かくしてロシアは、世界最大の大帝国を築きあげることになったのでした。

悲劇のウクライナ

しかし、「膨らみきった風船は、針で小さな穴を開けてやるだけで弾《はじ》ける」もの。

こうして世界最大の領土になるまで膨らみきった帝国《インピェーリヤ》は20世紀初頭、ロシア革命によってあっけなく弾《はじ》け、その混乱の中で帝国《インピェーリヤ》が永年にわたって作りあげてきた〝緩衝帯《バリア》〟につぎつぎと独立されてしまい、一気にヴォルガ河周辺を残すのみにまで萎《しぼ》んでしまいます。

すると弱り目に祟り目、新生ロシア[＊13]を亡ぼすべく、ロシア旧勢力（白軍）に外国勢力（米・英・仏・伊など）が加わって四方八方から侵攻[＊14]を受け、新生ロシアは建国早々存亡の機に立たされました。

こうして、ロシア人の心の奥底に刻まれた〝幼児体験〟が蘇ります。

――殺《や》らねば殺《や》られる！

対ソ干渉戦争を凌《しの》いだ新生ロシアはただちにシベリアを併呑し、ベラルーシ・ウクライナ・ザカフカースを「連邦《ソユーズ》」として組み込むことに成功、所謂《いわゆる》「ソ連（ソヴィエト社会主義共和国連邦《CCCP》）」として生まれ変わりました。

しかし、このソ連《CCCP》は「労働者《プロレタリア》」の利害を代弁する社会主義国家でしたから、有産者にはとにかく厳しい。

資本家《ブルジョワ》を亡ぼすまで共闘した農民すら、利用するだけ利用して、革命達成後は目の仇にされていく中、大穀倉地帯であったウクライナはすさまじい収奪を受けるようになります。

レーニンもひどかったですが、スターリンはさらに輪をかけて農民への憎しみが強く、農民を憎み、彼らを「貪欲なクズ」「蛆虫《うじ》」「革命の敵」と言って憚《はばか》りませんでした。

1929年、最後の政敵・トロツキーを追放して、その支配体制を盤石とした直後に「世界大恐慌」の波が押し寄せると、スターリンはこれを乗り越えるため、農民を〝踏み台〟にすることにします。

まず、上位の富農《クラーク》を裁判もなしに問答無用で銃殺した上、全財産没収。


［＊11］ロシア（モスクワ大公〜ロマノフ朝）とオスマン帝国との間で前後11回（12回）にわたって行われた戦争。狭義では1878年の第11次露土戦争を指します。

［＊12］バルト海↓バルト三国（エストニア・ラトビア・リトアニア）、ベラルーシ・ウクライナ↓黒海↓コーカサス三国（グルジア・アゼルバイジャン・アルメニア）↓カスピ海↓ウズベク三汗国（ヒヴァ・ボハラ・コーカンド）↓アラル海。

［＊13］正式国号は、17年の建国当時は「ソヴィエト・ロシア共和国」、翌18年に「ロシア社会主義連邦ソヴィエト共和国」、36年以降91年に滅亡するまでは「ロシア・ソヴィエト社会主義共和国」。

［＊14］所謂「対ソ干渉戦争」。日本もこれに便乗してシベリア極東部に出兵をしている。

次に、中位の富農《クラーク》はシベリア等へ強制移住させて、やはり全財産没収。ただちに銃殺されたなかった者も「あのとき銃殺された方がよかった」と思えるほどの過酷な試練が待ち受けています。

収容所に送り込まれた者は奴隷以上の強制労働を強いられ、働けなくなった者から殺される。

収容所がいっぱいになったら弱った者から殺される。

しかし、それでも収容所があるだけマシ、果ては建物も何もない寒風吹き荒《すさ》ぶ荒野に放り出され、「あとは自分で何とかせよ」と言われることもザラで、ほとんどは凍死・餓死していきました。

ここまでして富農《クラーク》から取り上げた農地を、スターリンは集団農場《コルホーズ》に再編したのですが、その運営は杜撰《ずさん》この上なく、たちまち各地に大凶作の嵐が吹き荒れます。

ソ連《CCCP》最大の穀倉地帯・ウクライナでも大飢饉が発生しましたが、スターリンは大豊作の収穫量に合わせた年貢を強制徴発させたため、莫大な餓死者を出します。

現在、これは単なる「失政による餓死」ではなく「意図的な民族絶滅作戦《ジェノサイド》」であると国際的に認定され、「ホロドモール［＊15］」と呼ばれている大量虐殺事件です。

その数たるや、あまりにも多すぎて実数は定かではありませんが、およそ1000万人前後と言われ、同じ時期のヒトラーによる「ホロコースト（ユダヤ人絶滅作戦）」などよりも比較にならないほど規模が大きいものでした。

一歩間違えれば日本も…

こうして文字通りの〝死屍累々《ししるいるい》〟となったウクライナ。

スターリンは、そうして主を失って放棄された〝空き地〟にロシア人をぞくぞくと植民させます。

最初から〝これ〟が目的で故意に起こされた飢饉と目され、これによって本国の食い詰めロシア人たちは新しい土地を得て喜びましたが、そのためにウクライナは現在に至るまでその東部にはロシア人が、西部にはウクライナ人が多く住むという民族配置が生まれてしまいます。

それだけではありません。

第二次大戦中の１９４４年には、対独協力を行ったとの嫌疑をかけてクリミア半島に住んでいた先住民［＊16］をウズベキスタン方面へ強制移住させ（クリミア・タタール人追放）、そのほとんどは餓死させせられたか、強制労働を強いられます［＊17］。

［＊15］　ウクライナ語で「ホロ（holo）」は「飢餓」、「ドモール（domor）」は「大虐殺」の意。

［＊16］　クリミア半島はロシア帝国に併合されるまではオスマン帝国、その前はクリム汗国の支配にあったため、トルコ系民族が多く住んでいました。

［＊17］　ホロドモールとともに、このときの強制移住も「ジェノサイド認定」されています。

ウクライナのとき同様、こうして〝空き地〟となったクリミアにロシア人を入植させました。

ロシアのやり口はいつも同じ。狙った土地の民をまず皆殺《ジェノサイド》しにしてから、その後〝空き地〟となった土地にロシア人を入植させるのです[＊18]。

ウクライナ危機が起こった理由

ところで、このウクライナと言えば、先年、世界を震撼させる事件が起こりました。

2014年、ロシアが突如としてクリミア半島への軍事介入を宣言し、これを強引に併合してしまったのです。

一応は「住民投票によって」「合法的に」という体《てい》でしたが、もちろん反対勢力を圧殺した上での出来レース[＊19]でしたから、ウクライナでは反対勢力による武装蜂起が起こって内戦状態に陥ったばかりか、これに欧米・露が介入したため、実際には「欧米vs露」の代理戦争の場と化していきました。

それは第二次世界大戦前夜の様相を呈し、はたまた朝鮮戦争の構図にも似ていたため、世界中の分析家《アナリスト》たちが「すわ、第三次世界大戦か!?」と警鐘を鳴らす異常事態に至ります。

では、そもそもどうしてこんな事態になったのでしょうか。

その契機《きっかけ》は、遡《さかのぼ》ること1991年、ウクライナが連邦《ソユーズ》離脱を決定したことでした。

政治・経済・制度・国家―― これら人間社会を支える構成体《ストラクチャ》は、一見「盤石」のようにみえますが、じつのところ、それらを構成するあらゆる要素《ファクター》がお互いに複雑に絡《から》み合いながら絶妙な均衡《バランス》で辛うじて立っている、謂《い》わば「ドミノ塔《タワー》」のようなもので、その中のたった1枚のドミノにほんの少し力が加わるだけで一気に崩壊してしまうような脆《もろ》いものです。

このときの「ウクライナの連邦《ソユーズ》離脱」も一見すると、ソ連《CCCP》を構成する共和国「15」のうちの〝たったひとつ〟が抜けただけのこと―― のように見えます。

しかし、それが契機《きっかけ》となって「ドミノ塔《タワー》」が崩れ、連邦《ソユーズ》は一気に崩壊することになったのです。

連邦《ソユーズ》解体を受けて、ロシアは旧連邦《ソユーズ》構成国の引き留めを図るべく、新たにCIS（独立国家共同体）を組織すると、創設当初はウクライナもこれに参画したものの、あくまで準加盟国《オブザーバー》［＊20］

［＊18］シベリアなどのように、狙った土地の人口密度が低い場合には、ジェノサイドせずにそのまま入植させていますが。

［＊19］ロシア軍やロシア系住民が結託して、反対派住民の投票を阻止するあらゆる妨害工作をしました。当然ロシアはこれを否定していますが、選挙妨害をやっていたことは、「賛成票96・77％」という異常な数字からも明らかです。

［＊20］1993年に制定された「CIS憲章（CISの憲法のようなもの）」をウクライナが認めなかったため、「決議権のない加盟国（オブザーバー）」となりました。

としてロシアとは距離を置き、結局は脱退（2014年）してしまいます。

しかも、ウクライナはちょうどEU（欧州連合）とCISの勢力線上に位置していましたから、ウクライナを挟んで露《CIS》・欧《EU》の壮絶な綱引きが始まるのは当然と言えました。

まさに落語『大岡裁き』の「子争い［＊21］」状態。

先にも述べましたように、ウクライナはロシアによって民族的に分断されていましたから、ウクライナ国内でも西側に付くか、ロシア側に付くかで世論は真っ二つ！

これが「ウクライナ問題」を引き起こし、米露《アメリカロシア》対立を尖鋭化させ、第三次世界大戦まで懸念されることになった理由です。

“対岸の火事”ではないウクライナ

これは、遠い地球の裏側の他人事《ひと》ではありません。

じつは、ひとつ間違えば、我が国もウクライナと同じ末路をたどるところだったのです。

あまり知られていませんが、第二次世界大戦中、スターリンは北海道――あわよくば東北地方までソ連占領下に置く気満々でした。

これは幸いにも実現しませんでしたが、もしそうなっていたら！

ウクライナ・クリミア同様、まずは東北以北の日本人は皆殺し《ジェノサイド》にされ、死屍累々となった

〝空き地〟にロシア人が入植してきたことでしょう。

そうなれば、たとえその後に日本の独立が成ったとしても、東北以北にはロシア人が多く住むことになり、国を真っ二つに分けてお互いに憎しみ合い、テロが横行するウクライナさながらの殺伐とした国になっていたに違いありません。

歴史を紐解けば明々白々、「移民」を受け容れた国に幸福がもたらされることは決してありません。

［＊21］　ひとりの子（ウクライナに相当）を巡って2人の母（EUとCISに相当）が奪い合った争いを大岡裁きで丸く収める小噺。この落語の中では、2人の母に子供の手を引っ張り合わせ、大岡越前は手を離した方を「本当の母」と断じましたが、現実の外交では手を離せば、たちまち〝子（ウクライナ）〟を失うことになります。

自国の発展のために実施した強引な移民政策《エミグレイト》が今日に至るまで彼ら自身を苦しめることになる。

大国に翻弄《ほんろう》された南スラヴ人

ところで、ロシア人やウクライナ人は現在に至るまでスラヴ人発祥の地・ドニエプル川流域から離れなかった人々《グループ》ですが、中には中世初期に襲いかかった「寒冷期《イベント1》［＊01］」のためにこの地を棄てた人々《グループ》もいます。

そのうち5〜6世紀ごろから西のポーランドに移住していった人々《グループ》が「西スラヴ人」となり、さらに6〜7世紀ごろ、その西スラヴ系が温かい南へと移住して現在のバルカン半島に棲みついた人々《グループ》が「南スラヴ人」となりました。

ところが、彼らが新たに入植したこのあたりというのはちょうど〝中欧帝国〟と〝東地中海帝国〟に挟まれて両帝国の係争の地となったところ。

中世には、（中欧帝国）神聖ローマ帝国 vs ビザンツ帝国（東地中海帝国）。

近世には、（中欧帝国）ハプスブルク帝国［＊02］ vs オスマン帝国（東地中海帝国）。

南スラヴ人たちはこれらの狭間にあって翻弄《ほんろう》されることになります。

しかも、ハプスブルク帝国は旧教《カトリック》、ビザンツ帝国は正教《オーソドックス》、オスマン帝国はイスラームと宗教もバラバラ、民族は入り乱れ、政治的・宗教的・民族的に利権が複雑に交錯、同じ南スラヴ人同士でありながらお互いに〝親の仇《かたき》〟のように憎しみ合い、殺し合う歴史をたどることになりました。

セルビアの植民政策が生んだ悲劇

特に、ちょうど旧教圏《カトリック》と正教圏《オーソドックス》の境目に位置したクロアティア人とセルビア人の対立は激しく、セルビアは〝大セルビア主義〟を掲げて、積極的に植民政策を推進します。

「今は住んでいなくともセルビア人が過去に住んでいた土地、そしてその後セルビア人が新たに入植した土地はすべてセルビアの領土である！」

［＊01］　第3章で学んだ「3～7世紀までの約500年間の寒冷期（イベントⅠ）」のこと。その500年のうちでももっとも冷え込んだのが6世紀ごろ。
［＊02］　16世紀以降のハプスブルク家支配地の俗称。特に1804～67年をオーストリア帝国、以降滅亡までをオーストリア＝ハンガリー二重帝国と呼ぶ。

「よって、それらの土地はすべてセルビアの下に統一されなければならない！」

その結果、ボスニア・ヘルツェゴヴィナ地方はもはや国境の引きようもないほどセルビア人とクロアティア人が雑然と点在する地域となり、まさに「呉越同舟」状態、政情不安とテロの温床となります。

こうして、20世紀初頭には「火薬庫《パウダーケグ》」と呼ばれたバルカン半島の中でもとりわけ危険度の高い地域となり、実際に第一次世界大戦もこの地から勃発することになりました。

戦後、ついに「大セルビア主義」が実現、南スラヴ人を統合［＊03］した国家「ユーゴスラヴィア王国［＊04］」が生まれましたが、憎しみを募らせ殺し合いをつづけてきた歴史的背景を無視して、そんな横紙破りな統一をしたところで、所詮中身はばらばら。

「7つの国境に囲まれた6つの共和国で構成され、5つの民族が4つの言語を話し、3つの宗教が対立し、2つの文字を使う、1つの王国」

…などと揶揄される有様。

こうした国を牽引していこうとすれば「独裁」に頼るより他ありませんが、それは火にかけたやかんの口を塞ぐようなもので不満は鬱積、王国は四半世紀と保たずに滅亡してしまいます。

第二次大戦後は社会主義国家として生まれ変わったものの、これは〝右の独裁〟から〝左の独裁〟に振れただけで、「極端から極端」に走っても何の解決にもならないことを我々はすでに学んでまいりました。

それでもJ・B・チトー《ヨシップブロズ》［＊05］存命中は、彼のカリスマと指導力でなんとか「統一」を保っていたものの、その紐帯《ちゅうたい》たる彼が亡くなるやたちまち揺らぎ、90年代には一気に崩壊が始まり、現在に至るまでの混迷を迎えます。

とはいえこれは、見方を変えれば、元々ばらばら（エントロピー大）だったものを無理矢理ひとつに束ねた（エントロピー小）ため、「エントロピー増大則［＊06］」に基づき本来の姿に戻ろうとしているだけ――とも言えます。

南スラブ人たちの不幸な歴史は、北の〝中欧帝国〟と南の〝東地中海帝国〟に翻弄されたことが始まりでしたが、この中でセルビアが強引な移民を強行したことに真因があると言えましょう。

［＊03］ブルガリア人を除く。ブルガリア人は南スラヴ系を母体としながらもアジア系ブルガール人と混血し、文化的もブルガリア文化が強く、他の南スラヴ人とは違った歴史を歩みました。
［＊04］建国当初（1918年）の国号は「セルヴ・クロアト・スローヴェンヌ王国（セルビア人とクロアティア人とスロヴェニア人の王国の意）」でしたが、29年に「ユーゴスラヴィア王国（南スラヴ人の王国の意）」に改名しています。
［＊05］「チトー」は、「お前（Ti）があれ（to）をやれ！」という彼の独裁ぶりを表す常套句からついた渾名。
［＊06］「第3章第1節［註19］」を参照のこと。

2000年の時を経て舞い戻ってきた〝先住民〟が現住の民族を駆逐して造った国「イスラエル」

なぜユダヤ人だけが生き残ったのか

ここまで見てまいりましたように、「移民を知らずして人類の歴史は語れない」といっても過言ではないほど、人類の歴史は移民に次ぐ移民によって紡がれてきましたが、移民は混血を促すため、どれほど栄華を誇った民族も片端から消えていき、古代に生まれた民族で現在までその名を留めているものはほとんどありません。

そうした中、ユダヤ人は人類文明の黎明に生まれながら、現在にまでその名を留めている極めて珍しい民族です。

では、他の民族がことごとく歴史の渦の中に埋もれ消えゆく中、なぜ彼らだけが今日まで名を留めることができたのでしょうか。

彼らとて「移民」とは無縁だったわけではありません。

それどころか、彼ら自身が移民によって生まれた民族で、なおかつ移民の連続で各地を放浪した民族です。

〝流浪の民〟ユダヤ人の足跡

そこで、彼らがたどった足跡をもういちど簡単に振り返ってみましょう。

まず最初に彼らが棲《す》みついたのがメソポタミア地方のウル［＊01］でした。

そこから族長テラに率いられてハラン（現ハッラーン）に移住。

さらに、その子アブラハムの代になると、〝神様《ヤハヴェ》からの贈り物〟と称してカナン（現パレスチナ地方）に移住するも、移住後ほどなくその地を棄ててエジプトに移住。

しかし、新天地エジプトも彼らの安住の地とはなり得ず、モーセに率いられて故郷《カナン》に舞い戻ったものの、ほどなく新バビロニア王国に故国《くに》を亡ぼされてバビロンに強制移住させられました。

その新バビロニアが亡ぶと帰郷を許されましたが、このときすでに故郷《カナン》を離れてよりすでに半世紀が経っていたため故郷《カナン》に戻らない者も多く、ここに世界離散《ディアスポラ》［＊02］が起こりました。

［＊01］ メソポタミア南部の町なのか、北部の町なのかは不明。第1章第1節［註12］参照。

こうして彼らは、アラビア半島からメソポタミアに移住以降、ウル → ハラン → カナン → エジプト→カナン→バビロン…とめまぐるしく移民を繰り返し、そしてついに最初の「世界《ディア》離散《スポラ》」が起こったのでした。

ただ、まだこのときは辛うじてカナンに戻った者も多かったので、しばらくはその時代その時代を代表する強国[＊03]に服属することで細々と命脈を保ちます。

しかし、多神教《ポリシイズム》が当たり前という当時にあって、唯一神を掲げるユダヤ教は何かと宗主国とトラブルを起こしやすく[＊04]、ローマの属国となっていたときもユダヤ人たちは宗主国《ローマ》に対して反旗を翻します（ユダヤ戦争）。

ローマは、平素より何かと反抗的で、しかも特異な宗教（一神教）を持つユダヤ人を危険視していましたから、ここぞとばかりこれを大弾圧。

戦後、ユダヤ人は国を亡ぼされたばかりか、「イスラエル（ユダヤ人の自称）」と名乗ることも禁ぜられ、地名も「ユダヤ」から「パレスチナ[＊05]」と改変、さらにはイェルサレムの神殿は徹底的に破壊されて[＊06]、ユダヤ人は神殿跡地への立ち入りを禁止されました。

こうしたローマの弾圧に耐えかねて、ついにカナンに残っていた者たちも世界離散《ディアスポラ》を起こし、以降ユダヤ人は2000年にわたって〝亡国の民〟となったのでした。

ユダヤ人が〝嫌われ者〟となっていった理由

こうして世界各地に拡散《ディアスポラ》する歴史を歩んだのは何もユダヤ人だけではありません。しかし、他の民族は拡散《ディアスポラ》するとたちまち移民先の宗教・言葉・文化・社会に同化して消えていきました。

しかし、ユダヤ人だけは違います。

彼らだけはどこに居着いてもけっして選民思想［＊07］という特異な思想をもった民族宗教を棄てず、「郷《ごう》に入っても郷に従わ」ずに共同体《ディアスポラ》という〝殻〟を作って、金融を牛耳って銭《ゼニ》の力で身を護ろうとしました。


［＊02］ディアスポラとは「異郷の地で暮らす民族の共同体」という意味（第4章 第5節［註16］参照）ですが、それとともに、ユダヤ人が世界中に散らばった、このときの世界離散のことを指すこともあります。

［＊03］アケメネス朝・アレクサンドロス帝国・セレウコス朝・ローマ共和国・ローマ帝国。

［＊04］多神教は異教の神に対しても「神様はたくさんいるのだから」と比較的寛容で、異教の神を取り込んでしまうことも珍しくありませんが、一神教は「神様はひとつ」として異教の神を全否定するため、トラブルを起こしやすい。

［＊05］「ペリシテ人（古代においてユダヤ人と敵対していた民族）の土地」という意味。

［＊06］このとき破壊を免れた神殿の外壁の一部が今でも残っています。それこそが「嘆きの壁」です。

［＊07］自分たちユダヤ人だけが神によって選ばれし民族で、ユダヤ人以外の民族はすべて例外なく地獄に堕ちるとする思想。

長い年月のうちに現地人と混血が進んで、セム系としての身体的特徴は次第に失われていきましたが、それでも彼らは母から子・母から子へとユダヤ教だけは伝えて、その社会に溶け込むことを拒絶します［＊08］。

こうした彼らの「けっして同化しない」という姿勢が現在に至るまでユダヤ人の名を留めることにつながりましたが、それは同時に、彼らがどの社会からも〝異分子〟として嫌われ者となっていく理由ともなりました［＊09］。

ドレフュス大尉疑獄事件

こうしてユダヤ人たちは民族の独自性《アイデンティティ》を護ることができた代わりに、つねに偏見や迫害に晒《さら》されることになります。

ユダヤ人迫害は、ロシアを中心に東欧で展開した「ポグロム」、ヒトラーが行った「ホロコースト」が有名ですが、それ以外にも各地で迫害は起きています。

それは、下層民の無知と偏見から起こるものもありましたが、有識者が率先してこれを煽ることも珍しくなく、たとえばフランスのF《フランソワ》・ヴォルテールやJ《ジャン》・J《ジャック》・ルソーなど啓蒙思想家も反ユダヤ主義者でしたし、ドイツではM《マルティン》・ルターも積極的にユダヤ人迫害を先導していたほどです。

こうした肩身の狭いユダヤ人の鬱憤が一気に爆発したのが、19世紀末にフランスで起こった事件でした。

じつは、日本が日清戦争に突入していた1894年、フランスでは軍の最高機密《トップシークレット》が漏洩するという一大騒動《スキャンダル》が起こっていました。

陸軍上層部に間諜《スパイ》がいることは明白でしたがなかなか犯人を特定できず、焦った軍部はただ「筆跡が似ている」という一点だけでＡ《アルフレッド》・ドレフュス大尉を犯人と決めつけ、断固無実を主張するドレフュス大尉に証拠を捏造して自白を迫り、マスコミは彼を糾弾しつづけます。

ところがその後、真犯人が判明。

しかしながら、ドレフュスを犯人と決めつけてさんざん世論を煽った軍部は、今更「真犯人は別にいました」ではメンツが丸潰れとなってしまうため、そのもみ消しを図り、ドレフュスを真犯人で押し切ろうとします。

しかし、人の口に戸は立てられぬもの。

［＊08］　しかしながら、彼らの神の言葉を借りるならば「混血の者は主の会衆（ユダヤ教徒）に加わることはできない」（『申命記』23章3節）と明記されていますので、混血してしまったユダヤ人はそもそもユダヤ教徒になる資格が神から与えられていないのですが…。

［＊09］　人間には〝異物〟を排除しようとする本能があるということはすでに学んでまいりました。

これを嗅ぎつけた文豪E《エミール》・ゾラが新聞《オーロール》に「我弾劾す《ジャッキュイーズ》」という記事を発表、「軍部が真犯人を知りながら隠蔽している」と曝露したことで、世論は上は政界・財界・軍部から、下は民間に至るまで真っ二つに分かれて論争が湧き起こることになります。

これが後世に語り継がれる「ドレフュス大尉疑獄事件」の顛末です。

パレスチナ問題が起こった理由

ところで、渦中のドレフュス大尉はユダヤ人だったため、当時この騒動《スキャンダル》を取材していたユダヤ人記者T《テオドール》・ヘルツルは主張しはじめます。

「こたびの騒動の根幹には、ユダヤ人に対する偏見・差別がある！

これをなくすためには、ユダヤ人の民族国家を建設するしかない！」

民族国家を建設する？

大風呂敷を広げるのは結構ですが、いったいどこに？

ヘルツルは叫びます。

「土地なき民（ユダヤ人）に、民なき土地を！」

こうした彼の呼びかけが「シオニズム運動」へと発展していく契機《きっかけ》となりましたが、そもそも人の住める土地で民のいないところなどこの地球上にあるわけがなく、彼の言った「民なき土地」とはどこを指しているのでしょうか。

ユダヤ人にとって「帰るべき故郷《ホーム》」は〝神《ヤハヴェ》の贈り物〟であるパレスチナ以外考えられませんが、もちろんここには当時70万もの民が住んでいました。

しかし彼らはこの地の「民なき土地」と決めつけ［＊10］、以降、世界中からユダヤ人がパレスチナに殺到するようになります。

2000年前にユダヤ人がこの地《パレスチナ》を棄てて世界中に離散《ディアスポラ》して以来、ここに住んでいるアラブ系パレスチナ人です。

2000年前といえば、日本の歴史で譬えれば、まだ古墳すら現れていない弥生時代。

そのころからこの地《パレスチナ》に暮らすパレスチナ人は、突然土足で上がり込んできてこの地《パレスチナ》の所有権を主張するユダヤ人に怒り心頭。

――2000年も前に放棄した土地に、
今さらその所有権を主張するなど通るものか！

たしかに2000年も前に放棄した土地の所有権が通るなら、イギリスもエジプトもイタリ

［＊10］第4章の「移民の法則⑫」通り、イスラエル人（ユダヤ人の自称）は現在でも学校教育で「我々は神が我々に与え給うた〝民なき土地〟に入植してこの国を造った」と自分たちの侵掠を正当化し、「あとからアラブ人（パレスチナ人）たちが侵寇してきて我々の平和と安全を脅かしている」と子供たちに嘘八百を教えています。

ア人のものだし、アメリカ大陸は南北含めてすべてインディアンのものです[＊11]。

しかし、ユダヤ人たちは悪びれることもなくこう反論します。

「何千年留守にしていようが関係ない。この地《パレスチナ》は我々が全能の神《ヤハヴェ》から贈られたものなのだから！[＊12]」

しかも、1917年にはイギリスがユダヤから戦費《カネ》を借りたい一心で、

「パレスチナに〝民族郷土《ナショナルホーム》〟を建設することを認める！」(バルフォア書簡)

…と表明[＊13]してしまいましたから、大英帝国《ブリティッシュエンパイア》という後盾を得て、さらに意気軒昂。

そのうえ1930年代に入ってヒトラーの「ホロコースト」が始まると、これがユダヤ人の移民をさらに活性化させることになります[＊14]。

パレスチナ人にしてみれば、突然、宗教も言葉も民族も違う者たちが自国に殺到したばかりか、国造りまで始めたのですからたまりません。

こうして先住民(パレスチナ人)と移民(ユダヤ人)はひとつの土地を奪い合ってお互いに憎しみ合うようになり、現在まで尾を引く凄惨な殺し合いを始める契機《きっかけ》になりました。

これが所謂《いわゆる》「パレスチナ問題」です。

時代を見誤ったイギリス

それもこれも、すべて本《もと》を糺《ただ》せばイギリスがユダヤ資本から資金《カネ》を借りたかったばかりに、安易にユダヤ人に〝民族郷土《ナショナルホーム》〟の建設を認めたからです。
移民というものは底なしの根深い問題を孕《はら》みます。
イギリスもバカではありませんから、そんなことをすればパレスチナが〝地獄絵図〟になることくらいわかっていましたが、彼らは「いざとなれば〝力〟で抑え込んで黙らせればよいわ！」とタカを括《くく》っていたのです。
じつは当時は「帝国主義」という〝武力が無制限にモノを言う時代〟でした。
この時代、欧米列強はＡＡ《アジアアフリカ》圏の国と地域を植民地とし、人々を隷属させ、その富を搾取し、どんな悪虐非道を働こうとも、それに抵抗すれば凄惨な弾圧を以て抑え込むことができた時代だったからです。

［＊11］　２０００年ほど前は、エジプトもイギリスもローマ帝国が支配していました。そして、インディアンが白人に駆逐されていったのはほんの５００年ほど前にすぎません。

［＊12］　その論拠は、自分たちで書いた『旧約聖書』。

［＊13］　当時、世界最大の金融資本のロスチャイルドがユダヤ系で、ここから戦争資金を調達するための交換条件。

［＊14］　パレスチナに住んでいたユダヤ人は、19世紀末まではわずか2万ほどでしたが、ドレフュス事件を境として4倍の８万人ほどに急増、バルフォア宣言を境としてさらに倍増、ホロコーストを境としてイスラエル国が建国されるころまでにはさらに4倍の64万人を越えました。

そういう時代の〝覇者〟として君臨してきたのがイギリスでしたから、

――何か問題が起こったところで今回も〝武力〟で黙らせればよいだけのこと！

…と安易に考えてしまったのも無理からぬところがありました。

〝禁断の果実〟を齧《かじ》ったイギリスの末路

しかし、歴史というものはつねに動いています。

ひとたび歴史が動き出せば〝昨日までの常識〟が〝明日の非常識〟。

20世紀に入り、急速に情報基盤《インフラ》［＊15］が発達してきたため、世界の片隅で起こったどんな小さな出来事でも瞬時に全世界に報道されるようになると、イギリスが戦中に行っていた陰謀の数々［＊16］が衆目に曝《さら》され、イギリスには世界中の非難が殺到するようになったことはイギリスの誤算でした。

海では無敵を誇る鮫《シャーク》も陸《おか》に上がればピチピチと跳ねることしかできなくなるように、陰謀巡る世界で覇を唱えたイギリスは、それが通用しなくなった新しい時代でただただ周章狼狽するばかり。

ユダヤ人に味方して移民を無制限に認めたかと思ったら、その舌の根も乾かぬうちにアラブ人の肩を持って移民を制限するなど右顧左眄《うこさべん》。

つぎつぎとその場凌《しの》ぎの政策を打ち出して混乱に拍車をかけるばかり。

19世紀いっぱいまで「我が世の春《パックス・ブリタニカ》」を謳歌していたイギリスは、１９４７年、ついに自らが生んだ「パレスチナ問題」を放り出し、国連に丸投げするという暴挙に出ます。

こうしてイギリスは〝自分のケツも自分で拭けない〟ような国にまで零落《おちぶ》れ果てていったのでした。

移民の法則⑯

「移民」問題はけっして人間の手には負えぬ〝怪物《レヴィアタン》［＊17］〟。これに手を出した者はかならず手痛い報いを受ける。


［＊15］情報通信の根幹をなす技術や設備、理念などのこと。

［＊16］フサイン・マクマホン協定、サイクス・ピコ協定、バルフォア書簡などの秘密協定。

［＊17］「レヴィアタン」とは聖書に登場する最強の怪物。如何なる武器をも通さない硬い鱗を纏い、不死身の体を持つ。泳ぐだけで津波が起き、性格は凶暴無比で、口には何物をも噛み砕く牙を生やし、すべてを灼き尽くす炎を吐く怪物。

イギリスが撒き散らした災い

さんざん引っ掻き回すだけ引っ掻き回しておいて制御不能に陥った「パレスチナ問題」を丸投げされた国連とて困ります。

そこで出した答えが「国連決議 第181号（パレスチナ分割決議）」。

何やら名前は〝ご大層〟ですが、中身はきわめてお粗末なもの。

「それではパレスチナをはんぶんこ[*18]にしたらどうかな？」

子供のケンカの仲裁じゃあるまいし、「一寸の土地、一片の石をも放棄せず！」の勢いのアラブ人がこんなものに納得するわけもなく。

しかし、ユダヤ人側《サイド》としてはこれで晴れて国が認められることになるわけですからこれを受諾。

その半年後[*19]に「イスラエル国[*20]」を建国すると、その建国宣言のわずか3時間後、アラブ人たち（アラブ連盟）はこれに宣戦布告します。

ここから4次にわたる泥沼の「中東戦争」が始まり、その混乱の中でパレスチナ人たちは仕事を失い、財産を失い、土地を逐《お》われ、命まで奪われて、最後には国までも失って難民となっていきました。

もしパレスチナ人が「国連決議 第181号」を受諾していたら、こんな凄惨な戦争も起こらず、そうなれば〝亡国の民〟にもならなかった…かもしれません。

しかし、それは〝結果論〟であって、あの時点においてパレスチナ人が「国連決議」を受け容れることなど到底できない相談でした。

我が身に置き換えて考えればパレスチナ人の立場がより深く理解できます。

ソ連が太平洋戦争のドサクサに紛れて日本国土の北半分を占領するつもりだったことはすでに述べましたが、もし本当にそんなことが現実となり、戦後、日本人を駆逐しながらロシア人が不法に北日本に入植してきたとします。

そこに突然国連がしゃしゃり出てきて、こう提案します。

「ここはひとつ北日本はロシアにあげて、仲良く半分ずつということでどうかな？」

これに日本人は納得するでしょうか。

――なんで突然侵寇してきた露助野郎に半分もくれてやらねばならん!?

先祖伝来の神洲、一寸の土地、一片の石をも放棄するものか！

［＊18］　しかも、当時パレスチナ総人口の3分の1しかいなかったユダヤ人に、全国土の6割弱を与える――という極めてパレスチナ人に不利な内容でしたから、「はんぶんこ」というわけですらありません。

［＊19］　1948年5月14日の深夜のこと。

［＊20］　これを「イスラエル共和国」と記してある書が散見されますが、「イスラエル国（State of Israel）」の誤りです。

…と叫ぶのではないでしょうか。

パレスチナ人の致命的失敗

では、パレスチナ人はどこで間違えたのでしょうか。

将棋で喩えれば「初手」からです。

シオニズム運動が起こりはじめたころ、ユダヤ人はその財力でパレスチナの土地を片端から買い漁りはじめました［＊21］。

確かに、ただ「土地を購入する」だけならまったく合法です。

しかし彼らは「シオニズム運動」の一環の中として集団的にこうした挙に出ているわけですから、パレスチナ人は「外国人による土地購入」をただちに非合法化するべきでした。

このときユダヤ人は「我々は〝民族郷土《ナショナルホーム》（自分たちが住む場所）〟が欲しいだけで、国家建設など考えていない」と謳《うた》っていましたが、パレスチナ人はこんな一時凌《しの》ぎの逃げ口上を真に受け、これを看過してしまいます。

これが致命的な失態です。

インディアンが「はじめの一歩」を踏み込ませたがばかりに亡国の道を歩んだことはすでに学んでまいりました。

外交というものは、こちらが一歩譲ることもありますが、そのときには少なくとも相手にも一歩、できれば二歩三歩譲歩させなければいけません。

こちらだけが一方的に譲れば、「もう一歩」「もう一歩」と踏み入られ、気が付けば尻の毛まで毟《むし》り取られ、国や民族の滅亡へと直結します。

それが「外交」というもので、だからこそ外交には細心の注意を払わなければなりません。

にもかかわらず、このときパレスチナ人がユダヤ人の入植を看過したのは致命的でした。

「国造りはしない」といった、その舌の根も乾かないうちにユダヤ人たちは独自の徴税システムを始め、教育・保険システムを導入し、果ては軍隊《ハガナ》まで創設して、着々と国造りを始めます。

「話が違う！」「約束違反だ！」とパレスチナ人たちは怒りましたが、これはパレスチナ人が自らの外交音痴を吐露しているにすぎません。

「亡国の民」共通の〝致命的失敗〟

パレスチナ人は、ユダヤ人が最初に土地を買い漁り始めた時点でこれを違法化して阻止する

［＊21］　おもにユダヤ系金融資本 ロスチャイルド家の資力。

べきでした。

もしそれでも法を犯して入植して来るのなら、力づくで国外追放するべきでした。

一切妥協してはならなかったのです。

我々はすでに同じような事例を見てきました。

アメリカ先住民《インディアン》もまた、最初に入植してきた白人《ホワイトマン》に「土地所有を許した」ことで、先祖伝来の土地を奪われたばかりか、自分たちが国を追われてしまう契機《きっかけ》となったことを。

難民や亡国の民は、不幸な生い立ちや環境にあり、あるいは迫害されて同情の念が湧いてくるかもしれませんが、だからといってその一時の情念で一度でも自国に移民を許せば、骨の髄まで吸い尽くされることになるのです。

そして、奪われた土地は二度と取り戻すことはできないどころか、パレスチナ人のように自分たちが国から追い出される憂き目もあります。

移民の法則⑰

一度でも移民を許せば、彼らはその土地を命を懸けて護ろうとするため、彼らを絶滅《ジェノサイド》でもしないかぎり二度と永久に戻ってくることはない。

こうした歴史的事情も知らず、目の前の難民だけを見て、「彼らはかわいそうな境遇にあるから移民を受け容《い》れてあげよう」と物申す者の如何に多いことか。

彼らに問いたい。

それによって自国と自民族が亡ぼされてもその台詞が言えるのか、と。

「そんなバカな」ではありません。

そう思ってインディアンもパレスチナ人も国を亡ぼされ、民族は存亡の機に立たされたのです。

戦後の日本人は、太平洋戦争の敗戦から目を背けるようにして「歴史に学ぶ」ことを避けるようになりました。

今こそ日本人はW・チャーチルの言葉[＊22]をもう一度しっかりと噛みしめなければならない時期にあると言えましょう。

［＊22］「第5章第1節」の最後の言葉。「歴史から教訓を学ばぬ者は、過ちを繰り返して亡びる」

自らの〝移民《エミグレイト》〟によって先住民《インディアン》を駆逐した合衆国《アメリカ》は、自らが〝移民《イミグレイト》〟されたとき、これを排除しはじめた。

移民を受け容れたアメリカ

ところで、このユダヤ人の国家建設を背後から全面的に支援《バックアップ》してきたのがアメリカ合衆国です。

合衆国《アメリカ》がイスラエル建国宣言のわずか「15分後［＊01］」にこれを承認したことからも合衆国《アメリカ》とユダヤ人がズブズブの関係であったことは明白です。

以来現在に至るまで、合衆国《アメリカ》がイスラエルの意にそぐわない言動をしたことがありません。

それどころか、先日もトランプ大統領が「イェルサレムはイスラエルの首都」などと、わざわざ国際社会に騒動を引き起こす発言をして世界から大顰蹙《ひんしゅく》を買ったものです。

そうまでしてユダヤ人に媚《こ》び、へつらい、阿《おもね》り、歓心を買いたがる姿は、まるで〝イスラエルの属国《イヌ》〟のよう。

なぜ合衆国《アメリカ》はかくもイスラエルに頭が上がらないのか。

巷間それは「合衆国《アメリカ》の政界がユダヤ資本に乗っ取られているから」とまことしやかに囁《ささや》かれます［＊02］。

もちろん合衆国《アメリカ》は認めていませんが。

閑話休題《それはさておき》。

その合衆国《アメリカ》は、本国《イギリス》からの独立達成後、先住民《インディアン》の富と土地を奪いながら西漸《せいぜん》し、やがて経済大国になってくると、今度は〝移民される側《イミグレイト》〟の立場［＊03］となります。

これまで学んでまいりましたように、通常、移民は社会を破壊しますから、本来ならこれを食い止めるところですが、

①もともと合衆国自身《じぶんたち》が「移民」によって造られた国であったこと、

②また当時、国の発展期にあって慢性的な労働力不足に喘《あえ》いでいたこと、

③さらに、自分たちと同じ新教徒《プロテスタント》を中心とした北欧・西欧からの入植が多かったこと

［＊01］11分説、16分説もあり。

［＊02］確固たる証拠はないものの状況証拠は無際限にあり、裁判風にいえば「限りなく真っ黒に近いグレイ」といったところで、ふつうに考えて合衆国がユダヤ資本に乗っ取られているのは間違いないでしょう。ちなみに、トランプ大統領の親族・側近・有力支援者などはユダヤ人ばかりです。

［＊03］「移民の法則⑨」参照。

…などの理由により、これを惰性的に受け容れていました。

アメリカ、移民政策の転換

ところが19世紀後半に入ると、アイルランド[＊04]や中国[＊05]からの移民が、さらに19世紀末／20世紀初頭になると東欧・南欧や日本からの移民が急増するようになり、悠長に構えてもいられなくなります。

なんとなれば、「新移民」は「旧移民[＊06]」とは違って旧教徒《カトリック》・正教徒《オーソドックス》・ユダヤ教など異教徒が多数を占めていたためです。

そのため、新移民たちはこの〝新天地〟で迫害を受けるようになり、そうなれば彼らは集住《シュノイキスモス》して身を護ろうとします[＊07]から、やがて警察ですら怖くて手が出せない移民の街[＊08]が生まれることになります。

そうなると、国の中に〝治外法権の国〟が生まれ、治安が悪化することになりますし、また中国人や日本人は薄給でよく働いたため賃金水準が下がり、白人労働者の失業率が高まります。

こうした実害に加え、人種差別意識も手伝って中国人・日本人は白人労働者からの憎悪の的となり、各地で激しい排斥運動が起こるようになりました。

それはやがて政府をも動かして移民排斥法[＊09]がつぎつぎと立法されていくことになりま

す。

自分たちが移民としてこの地《アメリカ》にやってきたとき、自らの「移民《エミグレイト》」を正当化した彼らでしたが、いざ自分が「される側《イミグレイト》」に回ったとき、たちまちこれを非合法化し、弾圧しはじめたのでした。

理想と現実の間でブレつづけるアメリカ移民政策

自分が虐《しいた》げられる立場（独立前）にあったときは「すべての人は平等に造られている[＊10]」などと大見得《みえ》切っておきながら、自分が支配者側に立った途端にこうした人種差別法を制定する

［＊04］19世紀半ばに起こった「ジャガイモ飢饉」を契機に急増、その結果、J・モンロー、A・ジャクソン、T・ルーズヴェルト、J・F・ケネディ、H・S・トルーマンなど、アイルランド移民出身の合衆国大統領を多く生むことになりました。

［＊05］彼らは「苦力（クーリー）」と呼ばれるようになりました。

［＊06］1775〜1880年に入植した北欧・西欧からの移民を「旧移民」、1880〜1924年に入植した東欧・南欧からの移民を「新移民」と呼んで区別することがあります。

［＊07］「移民の法則⑭」参照。

［＊08］「リトル・イタリー」「チャイナ・タウン」などが有名。

［＊09］1882年の「移民法」で中国人の、1924年の「移民法」で日本人の移民を排斥しています。

［＊10］「アメリカ独立宣言」の前文の一節。

ところに彼らの欺瞞《ぎまん》が垣間見えますが、移民排斥法が解除されたのは大戦後20年も経った1965年になってからでした。

しかしその結果、合衆国《アメリカ》への移民は増えつづけ、近年では世界中の移民（合法）2億人のうち、5000万人が合衆国《アメリカ》に雪崩《なだ》れ込み、非合法も含めればその数は甚大、合衆国《アメリカ》の社会経済を揺るがす時代にまでなってきました。

不法移民の侵入は日本のように「海」に守られていれば比較的容易ですが、合衆国《アメリカ》の場合、メキシコとの国境が地続きであるため、ここからの不法移民の侵入が後を絶たず、歴代大統領はこの問題に頭を抱えます。

そこに登場したのがトランプ大統領です。

移民を「侵略者」「攻撃者」「犯罪者」と呼んで蔑み、息巻くトランプ。

――メキシコとの国境に〝万里の長城〟を築く！

――軍を投入し、武力行使も辞さない！

――不法移民は法的手続きなしに即時退去させる！

軍まで投入する、〝法治国家〟としての体面までかなぐり棄てるとは、穏やかならぬことですが、「貧すれば鈍する」、合衆国《アメリカ》はそこまで追い詰められている――とも言えます。

移民とは「覇権国家」ですら、足腰立たないほどにさせる破壊力を持っていることがわかります。

第6章

日本の置かれた現状

我々は歴史から何を学び、どう行動すればよいか。

国土は〝一歩〟たりとも踏み込ませてはならない。一歩許せば二歩三歩と踏み込まれ、亡国へ直結する。

兵法三十六計「仮道伐虢《かどうばっかく》」

ここまで我々は古代から現在まで、さまざまな国・さまざまな民族の「移民」について学んでまいりました。

しかし、歴史というものはどれだけ多くの「歴史事象」を知っていようが、その本質を理解していないならば、その知識には何の意味もありません［＊01］。

その歴史事象の中から共通点と相違点を紡ぎ出し、その本質を洞察し、自分の置かれた現状と似たものを選別して未来を予測し、同じ過ちを繰り返さないように〝他山の石〟とすることに意義があります。

そこで、ここまで「移民」の歴史を考察してきて、何がわかってきたでしょうか。

そのひとつが、「外交において、国土に関することだけは一歩も退《ひ》いてはならない」ということです。

これは、中国の『兵法三十六計［＊02］』の中の「第二十四計」でも厳に戒《いまし》められています。

――道を仮りて虢《かく》を伐《う》つ――

これは春秋時代のある故事に由来するもので、当時の中国は大小様々な国が濫立していましたが、中原《ジョンユエン》に「晋《しん》」という大国が、その南に「虞《ぐ》」「虢《かく》」という2つの小国がありました。晋の献公は虢《かく》国を併呑したいと望みましたが、戦略上、虞《ぐ》国の領土を通らねばならず、その了解が必要となります。

そこで晋公は虞《ぐ》国に宝物を贈って、軍の通過を願い出ました。

宝物に喜んだ虞《ぐ》公に、その賢臣宮之奇《きゅうしき》が諫めます。

「昔から〝唇亡びて歯寒し〟というではありませんか。自国に敵国の侵入を許すことは亡びの道ですぞ！」

しかし、虞《ぐ》公は宝物に目が眩《くら》んでこれを聞き入れなかったところ、宮之奇《きゅうしき》の言葉どおり虞《ぐ》国

［＊01］現在の学校現場における歴史教育は、ただ〝歴史用語を丸暗記させているだけ〟で、あれは「歴史教育」と呼べる代物ではなく、ただの「歴史用語を使った暗記作業」にすぎません。「英語が話せるようにならない英語教育」同様、暗記力と詩文の能力を問う「科挙」同様、なんの意味もない作業の優劣で選抜しているのが現在の「大学入試」の実態です。

［＊02］清代に書かれた兵法書。筆者不明。「三十六計」といえば、「三十六計逃ぐるに如かず」で有名ですが、こちらの「三十六計」は、劉宋時代の将軍・檀道済の「三十六計」であり、よく勘違いされていますが清代のものとは別物です。檀道済の「三十六計」は名前が伝わっているだけで、中身については「逃ぐるに如かず」以外何もわかっていません。

はほどなく晋国に亡ぼされてしまいました。

このときの故事は「仮道伐虢《かどうばっかく》（道を仮りて虢を伐つ）」という言葉で語り継がれ、さまざまな場面で戒《いまし》められるようになります。

たとえば、時代が下って三国時代においても、当時荊《けい》州を押さえていた劉備《りゅうび》の下に呉の周《しゅう》瑜《ゆ》が要請してきたことがありました。

「益《えき》州を攻めようと思うので、我が軍を通らせてほしい。」

しかし、劉備の軍師諸葛亮《しょかつりょう》はこれぞ「仮道伐虢《かどうばっかく》」とばかり拒否。

こうして周瑜と諸葛亮の熾《し》烈な駆引《かけひき》が交わされている最中《さなか》に周瑜が急死してしまったために事なきを得ています［＊03］。

もし諸葛亮が安易にこれを認めていれば、のちの「蜀漢帝国」は存在せず、そうなれば劉備自体が歴史の中に埋没して「三國志」の物語自体が生まれなかったことでしょう。

「仮道伐虢《かどうばっかく》」を忘れた中国の末路

ところが中国は、帝国主義時代にはすっかりそうした兵略を忘れてしまったようで、19世紀半ばには香港《ホンコン》をイギリスに割譲してしまいます（1842年 南京条約）。

当時の清朝全権は欽差大臣の耆英《きえい》。

香港《ホンコン》自体は、羽田空港5つ分ほどしかない小さな無人島でしたから、東アジア世界を制覇していた大帝国の清朝から見れば〝点〟のようなもの。

耆英《きえい》も「こんな小島ひとつで事が穏便に済むなら…」と思ったのかもしれませんが、これが清朝の命取りとなります。

どんな小島だろうが、ひとたび割譲を認めたが最後、これを突破口としてあとは際限なくズルズル。

ほどなくロシアに外満洲《がいまんしゅう》を奪われ、イリ地方を奪われ、新疆《しんきょう》ではヤクブ・ベクが離反して一時は独立されてしまう為体《ていたらく》でしたが、「伊犁《イリ》など欲しいならくれてやれ！」「独立したいなら独立させてやればよい！」と言い出す始末。

こうした事態を憂えた陝甘《シャンガン》総督の左宗棠《ゾォゾンタン》［＊04］は宮之奇《きゅうしき》も引用した「唇亡びて歯寒し」の諺を用いて論駁《ろんばく》します。

――新疆を失えば、次に蒙古《モンゴル》が揺らぎ、蒙古《モンゴル》を失えば、次に北京が殆《あや》うくなるのだ！

［＊03］陳寿の『三國志』（正史）の場合。羅貫中の著した『三國志演義』（小説）の方では、諸葛亮はいったん受諾したと見せかけ、周瑜は諸葛亮の掌の上で踊らされて、屈辱のうちに血を吐いて死んだことになっています。『演義』では「諸葛亮の優秀さ」と「周瑜の無能」を強調するためかなり話が盛られていますが、一般的にはこちらの作り話の方が流布しています。

［＊04］清朝末期、楚軍を率いて太平天国の鎮圧に貢献し、洋務運動を牽引した「清朝最後の大黒柱」と評される人物。

脣亡びて歯寒し！

断固、伊犂《イリ》・新疆を死守するべし！

こう主張して左宗棠《ゾォゾンタン》はイリ・新疆にて奮戦、ロシアからイリ地方の一部を奪還し、新疆を制圧しました。

しかし、一度〝決壊〟しはじめた歴史の流れを押し止めることは不可能です。

彼の奮戦むなしく、19世紀末には領土のほとんどは列強諸国に租借[＊05]されるか勢力範囲に設定され、清朝は華北地域だけを支配する地方政権へと解体していくことになったのでした。

それもこれも〝最初の一歩〟を退いたからです[＊06]。

その〝一歩〟を退いた耆英《きえい》は、今日まで「畏葸無能《ウェイシーウーノン》（腰抜け無能）」「貽害國家《イーハイグオジャ》（国家に仇成す者）」と蔑まれつづけています。

〝反面教師・中国〟に学んだ日本

これを〝反面教師〟として危機を乗り切ったのが日本です。

1864年、長州が関門海峡で英《イギリス》・仏《フランス》・米《アメリカ》・蘭《オランダ》四ヶ国連合艦隊と開戦となり[＊07]、これに敗れ、下関講和会議が開かれたことがあります。

このときの長州全権こそ、かの高杉晋作。

連合国側は、講和条件として5つの条件を出しましたが、高杉はこれをほとんど反論することもなく、すんなりと受諾していきました［＊08］。

しかし。

イギリスが関門海峡に浮かぶ小島「彦島」の租借を要求した途端、態度は一変。

高杉は先に述べたような中国の惨状を目の当たりにしていたため、ただちにこれを撥《は》ねつけます。

――そもそもこの日本《ひのもと》は〝神洲〟、すなわち神の統《す》べる国である！

よってその国土は神に属すものであって、我が長州藩がどうこうできるものではない！

わからぬか!?

ならば、この神洲がどのように生まれたのか、お前たちに教えてやろう！

［＊05］　形式的には「一時的に借りているだけ」という体裁ながら、事実上の「割譲」状態。

［＊06］　現代日本でも、タレント上がりの国会議員や現役お笑い芸人が「竹島などくれてやればいい」などと発言していますが、彼らがどれほど歴史に無知かが窺える言葉です。彼らの罪深さは、彼らが無教養だという事実ではなく、自分が無教養だという自覚がまったくないところにあります。

［＊07］　所謂「馬関戦争」。

［＊08］　ただし、賠償金だけは「賠償金は払おう。しかし、我々は幕府の命（攘夷令）に従っただけのことだから、それは幕府に要求してもらいたい！」と形式的には受諾しながら実質的に突っぱねていますが。

そう言うが早いか、『古事記』を滔々《とうとう》と諳《そら》んじはじめます。

――よいか、その耳の穴かっぽじってよく聞け！

そもそも天地《あめつち》の初発《はじめ》の時、高天原《たかまがはら》に成りませる神の名は天之御中主神《あめのみなかぬしのかみ》であった。

次に高御産巣日神《たかみむすびのかみ》が、次に神産巣日神《かみむすびのかみ》が成られた。

次に、まだ国稚《わか》く、浮き脂の如くして漂っている時に、葦牙《あしかび》の如く成りませる神の名は宇《う》摩志阿斯訶備比古遅神《ましあしかびひこぢのかみ》であり、次に天之常立神《あめのとこたちのかみ》であった。

このあとも、国之常立神《くにのとこたちのかみ》、豊雲野神《とよくものかみ》、宇比地邇神《うひぢにのかみ》、須比智邇神《すひぢにのかみ》、角杙神《つのぐいのかみ》、活杙神《いくぐいのかみ》、意富斗《おほと》能地神《のぢのかみ》、大斗乃辨神《おほとのべのかみ》、淤母陀琉神《おもだるのかみ》、阿夜訶志古泥神《あやかしこねのかみ》…と日本人ですらあまり知らないような神様の名前を延々とまくし立てます。

これには通訳もどう訳してよいかわからず混乱《パニック》、連合国全権も目を白黒、このときの高杉の迫力を前にしてその場にいたイギリス人はのちに「まるで魔王のようであった」と述懐したほどです。

それほど高杉も必死だったということでしょうが、じつはこの会議の初日で高杉は、

「貴軍の陸戦隊はたかだか3000ほどだろう。

今回、海戦では負けたかもしれぬが、陸戦となれば話は別だ。

陸戦となれば、我が軍は20万は動員できる。

貴軍に勝ち目はあるまい？」

……と大見得《みえ》切っていたため、高杉の迫力を前に、これ以上無理強いをして再戦となることを懸念したイギリスは、租借問題について棚上げにしてしまいます。

こうして〝神洲〟は護られました。

もしこのときの長州全権が、耆英《きえい》のごとき「畏葸無能《こしぬけ》」であったなら！

彦島は「日本の香港《ホンコン》」となって、これを突破口として日本はたちまち属国・滅亡の道をたどったに違いありません。

もっとも重要なのは、〝最初の第一歩〟を踏み込ませないことです。

この経験により「仮道伐虢《かどうばっかく》」が骨身に染みた中国は、現在ではウィグル・チベット・モンゴル・満洲でどんなに激しい独立運動が起ころうとも、けっしてこれを手放そうとせず、どんなに国際非難を受けようとも大弾圧を以《もっ》て臨むのは、そうした理由もあるのです。

もし将来、中国がこれらの地域に独立を認めるようなことがあったら、それはもはや中国そのものが滅亡寸前にあるときでしょう。

たった200人でイギリスから独立を護った島民

最後に、現代での例を挙げましょう。

インド洋の北東、ベンガル湾に浮かぶ島のひとつに「北センチネル島」という小島があります。

ここはアンダマン諸島の一部ですが、帝国主義時代、ご多分に漏れず、アンダマン諸島もイギリスの植民地とされていました。

にもかかわらず、北センチネル島たった一島だけが現在に至るまで一度も植民地とされることなく、独立を守り通しています。

島の外周はわずか30㎞ほど、広さは羽田空港4つ分ほどしかなく、しかもそのほとんどは森と砂浜と珊瑚礁で、人口は現在でもわずかに200人ほど［＊09］しか住んでいないような小さな島ですが、そんな小島がどうして独立を護り得たのでしょうか。

それは、彼らセンチネル族が〝尋常ならざる排他的民族〟で、異民族とは一切の話し合いに応じず、島に近づくだけで問答無用で攻撃してくるためです。

これにより、さしものイギリスもこの島だけは避けるようになりました［＊10］。

そうでもなければこんな小島、アッという間に植民地とされ、しかも数百人程度の人口とあれば、絶滅《ジェノサイド》されていた可能性すらあります［＊11］。

わずか200人程度の人口で、イギリスの侵掠から身を護ったのは、このセンチネル族くらいのものです。

インディアンとは真逆で、「一歩たりとも上陸させなかった」ことが、彼らの国土と民族と文化を護ったのです。

［＊09］　当時の人口はまったくわからず、現在の人口も推定にすぎず、50人説から400人説まで幅があります。

［＊10］　イギリスの侵掠の手口は「まず宣教師を派遣して〝侵掠の手先〟としてのキリスト教徒を増やし、つぎに商人を送り込んでその地の経済を破壊し、最後に兵を送り込んで制圧する」というものですが、宣教師が船で近づくだけで投槍と矢の雨が降ってきましたから、この手が通じませんでした。

［＊11］　実際、イギリスはタスマニアのアボリジニーを絶滅させています。無理押しをして犠牲を出してまで取らなければならないほどの重要拠点でなかったというのもありましたが。

移民の受け容《い》れを謳《うた》う者は、〝祖国と民族の破滅を望む者〟と知るべし。

国を破壊し民族を亡ぼす「移民受け容れ法」

さて、移民について考察したときに明らかになるもうひとつの真理、それが「脈々と続いてきた自分たちの国家・民族・文化・伝統・歴史・価値観を護りたい ―― という気持ちがあるならば、絶対に移民を受け入れてはならない」ということです。

移民《イミグレイト》される側の国・民族にはかならず「破壊」が起こります。

確かに今、日本は人口減少期に入り、労働力不足を初めとしたさまざまな社会問題が起こっているかもしれません。

しかし、それと「移民の受け容れ」とはまったく次元の違う問題であり、これがどれほど愚かで、どれほど罪深く、国家と民族に対する背信行為であるか、想像もできない人が多いようです。

もしほんとうにこんなものが実施されたならば、もはや〝詰み〟です。

あとから自分の愚かさに気づき、天を仰ぎ慟哭《どうこく》しながら地を叩いて後悔しようとも、どれほど古き佳《よ》き日本を懐かしもうとも望もうとも、「今」の愛すべき日本は永久に失われ、これを推進した者は永劫にわたって呪われることになるでしょう。

本章では、この点について順を追ってみていくことにいたします。

自ら破滅を招き寄せた国（ポーランド）

そもそも、国内問題を〝外〟に頼ろうとすること自体が致命的な誤りです。

国内問題は国内の力のみで解決しなければなりません。

歴史を紐解けば、目先の国内問題を解決するため、自ら外国勢力を招き寄せようとすることがありますが、碌《ろく》な結果を生みません。

例を挙げれば、それこそ枚挙に遑《いとま》ありませんが、たとえば。

18世紀のポーランドでは、王権が弱体となって統制力が弛緩《しかん》し［＊01］、貴族同士の戦乱が打

［＊01］　当時のポーランド国王は「貴族による選挙」で選出されていたため、「貴族共和制」と呼ばれることもあり、王を擁しながら「ポーランド共和国（または貴族共和国）」と称されることがあるほど王権が弱体でした。

ちつづくようになっていました。

さしずめ日本なら、室町幕府の統制力が衰えて、大名らが戦《いくさ》に明け暮れた戦国時代のようなものです。

日本と決定的に違うのは、日本が海に囲まれていたのとは違い、ポーランドはロシア帝国、プロイセン王国、オーストリア帝国という強国と地続きで囲まれていたことです。

ポーランド国内で戦《いくさ》の勝敗が決定的になると、敗戦濃厚となった貴族は「最後の手段！」とばかり、生き残りをかけて隣国に援軍を要請します。

ポーランドへの介入を虎視眈々《たんたん》と狙っていた外国勢力にとって渡りに船。

外国軍の後盾を得て一気に形勢逆転すると、今度は敗色濃厚となった貴族が「我も！」と別の外国勢力に援軍を要請。

こうしてポーランド国内は外国軍が入り乱れての騒乱状態となり、外国に領土を奪われてほどなく滅亡。

以来ポーランド人は〝亡国の民〟となり、民族の誇りも剝《は》ぎ取られ、踏みにじられ、辛酸嘗《な》めさせられる歴史を歩むことになりますが、それもこれも目先の利得に目を奪われた貴族が〝外〟に頼ったためです。

日本の戦国時代の場合は、海に囲まれていたおかげで外国勢力の介入はなかったとはいえ、すでに欧州《ヨーロッパ》列強が虎視眈々《たんたん》、日本を植民地化するべく機を窺《うかが》っており、その尖兵たる「宣教《ミシオネ》師」が入国してきていました。

その結果、大名の中に改宗する者まで現れてきていたものの、まもなく豊臣・徳川政権がこれを禁教としてくれたおかげで難を逃れ、日本は独立を保つことができました。

ひとつ機《タイミング》がずれていたなら、日本も危なかったかもしれません。

自ら破滅を招き寄せた国（中国）

中国では、漢の崩壊後、魏の曹操《そうそう》・蜀の劉備《りゅうび》・呉の孫権《そんけん》が覇を競った「三國志」。

しかし、一世紀［＊02］にわたる争覇ののち最終的に天下を獲ったのは、魏でも蜀でも呉でもなく、司馬氏の西晋［＊03］でした。

ところが、西晋の天下泰平はわずか10年、ほどなく「八王の乱［＊04］」と呼ばれる戦乱に明け暮れるようになります。

［＊02］　三國志の時代は、およそ黄巾の乱が起こった184年から呉が滅亡した280年までの約1世紀。

［＊03］　司馬懿が魏を乗っ取り（高平陵の変）、懿の子・司馬昭が「晋王」を名乗り、昭の子・司馬炎が魏から禅譲を受け「晋帝」を名乗りました。

［＊04］　外戚楊駿が殺害（291年）されてから東海王司馬越の死（311年）までの20年間。

八王の乱とは、皇族（司馬氏）同士の内乱ですが、このとき目先の勝利に目が眩《くら》んだ八王らは、北方民族を傭兵として招き寄せてしまいます。

これにより「五胡」と呼ばれる戎夷《じゅうい》（西方や北方の異民族）が堂々と中原《ジョンユエン》（中国の中枢地帯）を我がもの顔に闊歩できるようになってしまいましたが、そうなれば滅亡は時間の問題。

やがて匈奴の劉淵《りゅうえん》が帝都を落とした（永嘉の乱）ことを契機《きっかけ》として、気がついたときには華北一帯を五胡に制圧されてしまいました。

これが所謂《いわゆる》「五胡十六国時代［＊05］」と呼ばれるもので、中国は「史上初めて中原《ジョンユエン》を戎夷《じゅうい》に支配される」という恥辱を味わったばかりか、以降つぎつぎと移住してくる北方民族に押し出されるようにして、漢民族が華南（特に江南地方）に移住するという事態に陥ります。

ピンと来ない人のために、これを日本で譬《たと》えるならば、

――太平洋戦争（永嘉の乱）後、本州（華北）がアメリカ合衆国の〝51番目の州《ステイツ》（十六国）〟となってアメリカ人（五胡）が一斉に植民してきたため、本州に住んでいた日本人がこれを嫌って北海道・四国・九州へ逃げはじめた――

…といった情勢です。

そんなことにでもなれば、本州は永遠に日本人の手に戻ってこないように、中国でもこれを境として中原《ジョンユエン》は異民族支配が〝常態〟となってしまいます。

南北朝時代から隋・唐王朝まで、なんと600年にわたって延々と鮮卑族の王朝［＊06］がつ

づきます。

つぎの五代から宋王朝にかけての200余年はほとんどトルコ系沙陀《さだ》族の王朝[＊07]でしたし、次の元朝がモンゴル族、そして〝最終王朝《ラストエンパイア》〟の清朝300年はツングース系女真族の支配でした。

その中で唯一、明朝だけが漢民族による統一王朝でしたが、この王朝は江南から生まれたものであって華北から生まれたものではありません。

この事実が、華北が北方民族によって牛耳られつづけていたことを意味しています。

こうして、何度王朝交代が起きようが西晋を最後として延々と「漢民族は異民族に支配されるのが〝標準《スタンダード》〟」という悲惨な民族史をたどることになってしまったのです。

口を開けば「中国五千年の歴史！[＊08]」と自讃する中国人ですが、何のことはない、その内

[＊05]　西晋の統一が破れて（304年）から北魏による華北統一（439年）までの時代。この十六国のうち、13が地方政権、前趙（匈奴）・後趙（羯）・前秦（氐）が統一、またはほぼ統一しています。
[＊06]　隋・唐は白ら漢民族を自称していましたが、実際は鮮卑族と考えられています。
[＊07]　五代のうち後梁と後周だけが短期間漢民族王朝でしたが。宋は自ら漢民族を自称していましたが実際はトルコ人王朝。
[＊08]　そもそも「5000年」という数字自体が大嘘です。贔屓目に見て、実在が確認されていない伝説の王朝「夏」から数えても4000年がやっとです。

訳は西晋滅亡以来延々と1600年にわたって異民族に支配されつづけた〝屈辱の歴史〟に過ぎません。

それもこれも本《もと》を糺《ただ》せばすべて、西晋の皇族（八王）が目先の利得だけを見て、異民族を自ら招き寄せたことに起因しているのです。

自然の摂理を理解できない〝識者〟たち

第二に。

今、日本の人口が減ってきているのは謂《い》わば〝歴史の必然〟〝自然の摂理〟であって、これを人間の浅知恵で統制《コントロール》しようとすること自体が「傲慢の極み」「愚の骨頂」だということです。

これを理解するため、日本の人口推移を遡《さかのぼ》って見てみましょう。

日本の人口は、古墳時代の古《いにしえ》から室町時代までほぼ横ばいの500万～800万人ほどで推移しています。

室町時代からじわじわと人口が増えはじめたものの、江戸時代中期（享保の改革のころ）までの長い時をかけてようやく3000万人ほどに増えた程度でした。

しかしそうした安定成長も3000万で頭打ちとなり、それから幕末までふたたび横ばいとなります。

このように、500万だった人口を3000万まで増やすのに、1000年、1500年をかけてきたのでした。

ところが、この安定成長に異変が起こったのが明治維新です。

日本は、明治維新以降に人口爆発を起こし、それからたったの100年で1億人を突破、その勢いはその後も止《とど》まることを知らず、2010年には1億2800万に達しました。

この異常な人口爆発は、数字ではなくグラフで見ることで、よりはっきりと実感できます。

一定の自然条件が揃うと蝗《いなご》が異常発生することがありますが、明治以降150年間の日本の姿はまさに〝蝗《いなご》の異常発生〟そのものです。

そんな状態が「本来の自然な姿」なわけがありません。

国を治むるは小鮮を烹《に》るが若《ごと》し

〝宴《うたげ》〟はいつかは終わるもの。

こんな〝狂乱〟がいつまでも続くわけもありませんし、また続いてもいけません。

今、「日本史上初めて人口が減り始めた［＊09］!!」「人口を増やさなければならない！」と大騒ぎをして危機を煽る人たちは「こうした異常な人口爆発を未来永劫つづけるつもり」なのでしょうか。

そんなことをすれば、その先には人口減少など比較にもならないほどのおぞましい「破滅」が待っていることくらい、どうして想像できないのでしょうか。

増えたものは減る。

至極あたりまえの〝自然の摂理〟〝歴史の必然〟であって、摂理に逆らう者はかならず摂理によって亡ぼされ、歴史の流れに逆らう者はかならず歴史に抹殺されます。

老子様もおっしゃいました。

――国を治むるは小鮮を烹《に》るが若《ごと》し。

人間の小賢しい浅知恵で引っ掻き回すから社会も経済も政治もおかしくなる。

自然の成り行きに任せながら、その状況に応じて適時対応するのが吉です。

歴史の本質を理解できていない〝識者〟たち

そして、このように危機を煽る者たちの常套《とう》句が「このままいけば」。

[＊09] これまでも「縄文後期」「鎌倉時代」「太平洋戦争」など人口が減ったことはありましたが、それはかならず「寒冷化」「乾燥化」「大戦」など大きな外部的要因があってのことでした。現代のように大きな外部的要因もないまま人口が減少しはじめたのは日本史史上初めてのことです。

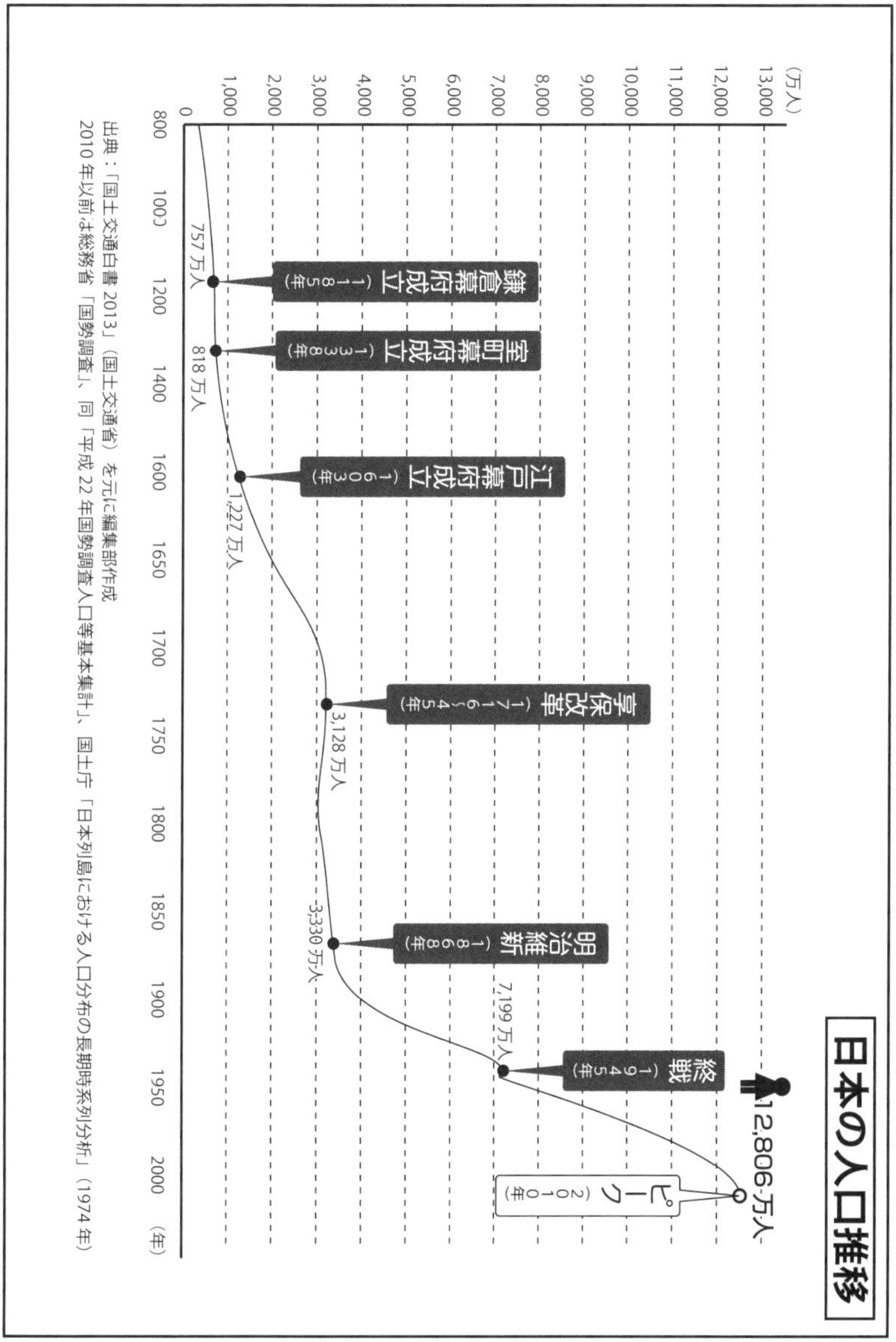

出典：「国土交通白書 2013」（国土交通省）を元に編集部作成
2010年以前は総務省「国勢調査」、同「平成22年国勢調査人口等基本集計」、国土庁「日本列島における人口分布の長期時系列分析」（1974年）

あらゆる社会要素が何もかも現状のまま変わらずこのままいけば「こうなる！」。

筆者が笑ってしまったのは、そうした方々の次の言葉。

――このままいけば、西暦3000年には日本の人口は2000人になり、
西暦3500年には日本人は絶滅してしまうだろう！

ここまでの妄言となると、もはやわざと危機を煽って自分の仕事を増やそうとしている煽動家［＊10］を疑うレベルです。

人間社会というものは、あらゆるすべての社会要素が有機的・構造的・立体的に絡みあいながら、つねに全体が動きつづけているのであって、それを人間が表層的に紡いだものが「歴史」です。

そのうちのたったひとつの要素だけを抽出《ピックアップ》して、「他の社会要素が何ひとつ変わらないまま、この要素だけがこのままいけば（いきません）こうなる！」などという〝予測（戯言）〟には何の意味もありません。

世に蔓延《はびこ》る〝識者〟たちの心得違い

先にも述べましたように、明治以来150年、日本はこうした「異常な人口爆発」を前提として発展してきました。

社会組織全体が、人口爆発を前提として構成されてしまっているため、人口減少が始まればさまざまな社会問題が起こることは間違いありません。

この点においては、多くの〝識者〟〝専門家〟と称する方々の主張は間違っていません。

しかし、そうした方々は根本的な心得違いをしています。

彼らは、これから待ち受ける社会問題への対処として、だから――

「どうやって人口減少を食い止め、これを増やすか」

……という方向性《ベクトル》であれこれ議論し、どうやっても人口増加ができないと悟ると、

「もはや移民を受け容《い》れるしかない」と言い出す始末。

これが「日本を破壊し尽くすため」の陰謀として主張しているならたいへん正鵠《せいこく》[＊11]を射ていますが、本気で「日本のため」と思って主張しているなら、もはやかける言葉もありません。

これまで見てまいりましたように、移民を受け容れることは民族を抹殺し、国を亡ぼす破滅

[＊10]　最近も「マナー講師」が自分の仕事を増やすために「目上の者に対して〝了解しました〟は失礼」「ノック2回はトイレ用」「捺印はお辞儀をさせる」「お辞儀をするときは下腹部で手を重ねる韓国式お辞儀が正しい」などなど、つぎつぎと〝でためマナー〟を捏造して社会を混乱させたことが話題になりましたが、彼らもこれと同じ穴の狢です。

[＊11]　的の中心にある黒点部分。ド真ん中。

行為です。

国家を挙げてこれを防ごうとするならまだしも、自ら受け容れようなど、そんなにも18世紀のポーランドの轍《てつ》を踏みたいのでしょうか。

今、日本がすべきは断じて「移民受け容れ」ではありません。

では、どうすればよいか。

新しい時代の到来を感じ取れない者は、未来の日本を語る資格はない！

「安定期」と「混迷期」

歴史を学んでいると、政治や社会というのは延々と「安定期」と「混迷期［＊01］」を繰り返していることがわかります。

ちなみに「安定期」というのは滔々《とうとう》と「〝昨日までの今日〟が明日もつづく」時代です。

したがって、この時代に生きる人々はいちいち頭を使わずとも〝前例〟に則《のっと》って粛々と事務的に仕事をこなせれば、一定の成果が得られてしまうため、

「状況に応じて臨機応変に対応できる才豊かな人」はその能力を発揮する場が少なく、

「言われたことしかできないけれど、言われたことはソツなくこなす凡人」が幅を利かせる世の中となります。

これに対して、「混迷期（動乱期／転換期）」というのは日々「〝昨日までの常識〟がまったく通用しない明日」がやってくる時代、すなわち〝前例〟が通用しなくなる時代です。

こうなると、「前例に則って粛々と事務をこなすことしかできない人」は時代に対応できなくなって零落し、「新しい時代の動きや流れを敏感に察知し、臨機応変に対応できる人」が頭角を現す――所謂《いわゆる》〝下剋上〟の世となります。

洋の東西と古今を問わず、泰平の世に「天才」が現れず、動乱の世になるや煌星《きらぼし》のごとく「天才」が現れるのはそうした理由です［＊02］。

今の日本は明治維新に匹敵する「転換期」

ところで、現在の日本は「安定期」でしょうか、「混迷期（転換期）」でしょうか。

言うまでもなく「混迷期」です。

日本は、戦前・戦後復興（昭和中期）のころまでが「混迷期」、復興が明けたころ（昭和後期）か

［＊01］混迷期はわかりやすく言えば「乱世」「動乱」の時代で、また「〝前の安定期〟から〝次の安定期〟へ移行する過渡期」「価値観が激変する転換期」と捉えることもできます。

［＊02］つまり、いつの時代にも「天才」は生まれてはいるのですが、泰平の世に生まれた天才はその才を発揮できる場が与えられないため時代に埋もれてしまい、後世に名を残せないのです。凡人にとっては「乱世」が生きづらく「泰平」が安楽なのですが、天才はまったく逆で「泰平」こそ生きづらく「乱世」こそ〝水を得た魚〟となります。

ら平成初期が「安定期」に当たり、現在はふたたび「混迷期」に入っています。

しかも、今回のそれは「明治維新」にも匹敵する大きな転換期です。

鎌倉幕府が生まれて以来700年、空気のように当たり前だった「幕藩体制」は、黒船来航を境として見る間に〝過去の遺物《レリック》〟と化し、幕藩体制とそれに付随するもの[＊03]はことごとく葬り去られ、「新時代」を生き残ることができたのは、新しい時代の波に乗った者だけです。

今まさに我々の目の前で、これとまったく同じ現象が起こっています。

「昭和」には空気のように当たり前だった手順《ノウハウ》・慣例・常識・主義・前例が、「平成」に入るやことごとく通用しなくなり、「昭和」に〝我が世の春〟を謳歌した業界・企業・団体が、「平成」を境として、一部上場だろうが業界第一位だろうが、軒並み一斉に傾いていき、これらに代わってインターネットを初めとして昭和時代には影も形もなかったものがぞくぞくと現れ、幅を利かせるようになってきました。

こうした事実が、現代日本が大きな「転換期（混迷期）」にあることを示しています。

人口増加を前提とした社会は〝時代遅れ〟

閑話休題。

こうした事実を踏まえた上で話を戻しましょう。

今の日本が抱える人口減少問題を「なんとしても食い止めねば！」と論じている識者たちは、幕末、幕藩体制が時代遅れになったことをまったく理解できず、必死にこれを護ろうとした佐幕派と同じです。

700年つづいた幕藩体制は「たった四杯の上喜撰《じょうきせん》[＊04]」の到来で時代遅れになったにもかかわらず、これを理解できない人が多く現れましたが、現代の識者も「もはや人口増加を前提とした社会構造自体が時代遅れになっている」ことにまったく気づいていません。

幕末、もし日本人が幕藩体制にしがみついていたならば、間違いなく日本は時代の流れに押しつぶされて滅亡していたでしょう。

同じように、いつまでも「人口増加を前提とした古い社会体制」にしがみつくならば、日本は亡びの道を歩むことになります。

すでに論じましたように、人口減少は〝自然の摂理〟であって、これを食い止める努力をするのではなく、「人口減少してもやっていける新時代の社会体制」をどう創り上げていくかを

[＊03]「制度」や「組織」だけでなく、時代の流れに頭が付いていかずに幕藩体制側に付いた「人間」までも含まれます。歴史の流れに逆らう者は、それが何であれ例外なく亡ぼされます。
[＊04] 1853年にやってきた「黒船」の隠喩。幕末の狂歌「泰平の眠りを覚ます上喜撰 たった四杯で夜も眠れず」より。

議論しなければならない時に来ているのです。

幕藩体制の中で生まれ、育ち、老いてきた人にとって、ある日突然、「幕藩体制は時代遅れ」と言われても、これを理解できる人は多くありません。

同じように、「人口増加を前提とした社会」の中で生まれ、育ち、老いてきた現代人もまた、「人口増加は時代遅れ」と言われても、これを理解できる人が多くないのは仕方ない側面もあります。

しかし、誰もが疑いもなく「常態《ノーマル》」だと勘違いしている時代は、悠久の歴史の中でたった150年前から始まった〝狂乱の時代《レザネフォール》[＊05]〟とも言うべき「異常事態」だったということを歴史から学ばなければなりません。

そして、〝狂乱〟が永久につづくはずがありません。

これまで「産めよ、増やせよ、地に満てよ[＊06]」と神《ヤハヴェ》の御命令が如く、官民一体となって人口を増やしたのは、当時の日本が「帝国主義」という〝武力が無制限にモノを言い、戦争に敗れれば滅亡に直結する時代〟だったからにすぎません。

当時は、軍事力は人口の多少に拠るところが大だったため、人口増加こそが19～20世紀の生き残りを賭けた国家事業だったわけです。

しかし、それも歴史的役割を終えました。

今は「帝国主義」時代ではありません。

これからは「人口減少を前提とした社会」を構築していかなければならない時代に入ったのです。

「人口減少を前提とした社会」とは？

昆虫や甲殻類は「脱皮」を行いますが、これは命懸けだそうです。

万一脱皮に失敗すれば「死」。

だからといって脱皮しなければ、やはり確実な「死」が待つのみです。

人間社会もこれに似たところがあり、ひとつの時代が古くなったとき、旧時代に合わせて造った〝古い皮（体制）〟を如何に脱ぎ捨て、新しい体制へと〝脱皮（改革）〟できるか。

それに失敗《だっぴ》すれば、新時代を生き残ることはできないのですが、これがよく失敗します。

万一改革に失敗すれば「滅亡」、だからといって改革《だっぴ》しなければ確実に「滅亡」が待つのみ

[＊05]　歴史的には、第一次世界大戦後（１９１９年）から世界恐慌勃発（１９２９年）まで享楽的娯楽文化が華やいだパリを表す言葉。アメリカでもおなじ20年代、同じような狂乱の時代を迎えていましたが、こちらは「狂騒の20年代（ローリング・トゥエンティ）」と呼びます。
[＊06]　『旧約聖書』創世記（第09章 第１節）より。

です。

今、日本の人口が減少の一途をたどっているのは〝自然の摂理〟であって、これに逆らおうとするのは愚の愚、ましてやそれを「移民」に頼るなど、西晋の「八王」らと同じ、永久に取り戻すことのできない〝亡国論〟以外の何物でもないことを論証してきました。

そこで、日本に残された道は――

「どうすれば人口増加できるか」を議論するのではなく、

「どうやって人口減少を前提とする新しい社会造りをしていけばよいか」を議論しなければならない時に来ているのです。

では、具体的にはどうすればよいのでしょうか。

じつは、人間社会というものは、どんなに安定した社会であってもつねにかならず〝変化〟が起きていますが、もし社会の均衡《バランス》を大きく崩すような〝変化〟が生まれると、不思議とかならず、社会のどこかで崩れた均衡《バランス》を恢復《かいふく》しようとする〝新しい動き〟が生まれるものです［＊07］。

かならず、です。

つまり、現在日本に「人口減少」という社会の均衡《バランス》を破るような〝大きな変化〟が起きたという事実そのものが、社会のどこかでそれを解決できる〝何か〟が生まれている（もしくは生まれつつある）ことを示しています。

それが何か、それをどう扱えばよいか、それを議論するのです。

「AI」と「ロボット工学」が労働力不足を解決する

筆者はそれこそ「AI」と「ロボット工学」ではないかと考えています。

将来、AIで自律駆動するアンドロイド[＊08]が開発されれば、労働力不足など一気に解決です。

理想的には、映画『ターミネーター』に登場したようなアンドロイドですが、あそこまでいかなくても、例えば「自動運転技術」ならすでに実用化は目前に迫り、それだけでもタクシー・バス・トラックなど輸送業界の深刻な労働力不足は解消させることができます。

もちろん、それにより新たなる社会問題は発生するでしょうが、それはまた各個対処すべき別の問題です。

実際、こうして「AI」と「ロボット工学」の発達に従って順次、適用範囲を増やしていけば人口減少分を充分賄うことができると試算している学者もいます。

［＊07］ イギリスの経済学者アダム・スミスが著書『国富論』の中で触れた「(神の）見えざる手」という概念にも通じます。
［＊08］ 姿形から肌の質感まで、一見して人間と区別が付かないほどそっくりなロボットのこと（ターミネーターなど）。姿形は人型であっても、一見してそれとわかる場合は「人型ロボット」として区別されます（ASIMO・ガンダムなど）。

また、人間が全人生をかけて読むことのできる書物の量などたかが知れていますが、「AI」［＊09］「ロボット工学」が発達すれば、全世界のありとあらゆる書籍をことごとく人間の手を借りずロボットに全自動で読み込ませ、これをAIに分析させることも可能となるでしょう。

そうなれば、人類すべての叡智――歴史学・政治学・経済学・社会学・天文学・地学・物理学・化学・生物学・数学・医学など――を全分野を超えて一瞬で比較考察することができますから、そうなれば、人類がとうてい気がつけなかった新発見が相次ぐことになるでしょう。

政治・経済の問題など、一瞬でAIが「答え」を教えてくれるようになるかもしれません。

そうなれば、今の「民主主義」などお払い箱です。

人間の浅知恵で実施される政策よりも、つねにAIの判断が正しいことが誰の目にも明らかとなれば、政治家はいなくなり、中央AIコンピュータに政治を任せる「電脳主義」という新しい政治体制が当たり前になるかもしれません。

もし今、移民を受け容れてしまったら、近い将来、こうして労働力不足を解消したとき、「もう君たち用済みだから出てって？」と言えるのでしょうか。

言ったとして、彼らは「はい、そうですか。では…」とすなおに国外退去するでしょうか。

これまでの歴史を学べば明らか、あり得ないことです。

一度でも入国を許したが最後、移民は命を賭けてでもけっして出ていきません。

それどころか、国家の不穏分子・民族の敵となり、独立政権を作っていくことになるのは歴史が証明しています。

過去、移民された国と民族が例外なくたどった轍を日本がそのまま踏んだとき、「移民推進論者」はこの責任をどう取ってくれるのでしょうか。

［＊09］　世に「速読」という技術があり、「数分で1冊の本が読める」などと謳われていましたが、筆者は極めて懐疑的でした。これについて最近、何十年もかけて科学的な検証実験が行われたところ、「速読は不可能」という結論に達したそうです。やはり筆者が懸念していたとおり〝手品〟の類だったようです。

日本の未来に希望はあるか。

すべてのベクトルが〝亡び〟に向かっている現状日本

本来、政治というものはけっして近視眼的に行ってはならず、100年200年先の展望を見据えた大計を以《もっ》て臨まなければならないものです。

それができない者は、そもそも政治家としての資格・資質がありません。

しかしながら、それも〝理想論〟。

古今東西、そんな大計を持った政治家など滅多に現れるものではなく、現実には大衆が喜ぶ目先の利得ばかりを叫ぶ政治屋《デマゴーゴス》がほとんどで、また大衆もそうした無能政治家を見抜く力を持ち合わせていません。

実際、現代日本の政治家も「移民が民族の敵となり、文化を破壊し、国を亡ぼす」ことになる歴史的事実も知らず、学ぼうともせず、自覚なく亡国論（移民受け容れ）に動いています。

じつは国家というものは、泰平の世であれば指導者が無能でもさしたる障害《さわり》もありません。

日本がこれほどひどい衆愚政治《オクロクラティア》に陥り、政界が無能政治家で埋めつくされてもなんとなくやっていけたのは時代が「泰平」だったからです。

しかし、動乱の世に政界を無能が蔓延《はびこ》ることは「滅亡」に直結します。

そのことを踏まえたとき、日本の未来は絶望的です。

この国は今、亡びに向かっているのでしょうか。

危機に強い日本

しかしながら、筆者は意外と楽観的です。

それは、日本が極めて〝強運な国〟だからです［＊01］。

人類悠久の歴史の中で、日本だけが唯一、神話時代より綿々と現在に至るまで一度も断絶したことのない王家を戴き［＊02］、一度も異民族に亡ぼされたことのない国です。

［＊01］日本という国がいかに「強運な国」かを論ずるためには、もう1冊の分厚い本になってしまうため、本書では深く触れません。

［＊02］「王家」として。「血統（DNA）」が繋がっているかどうかは別ですが、この場合、そんなことは問題ではありません。

こんな国、この世にふたつと存在しない、まさに〝奇蹟の国〟です。

どうしてこんな国が存在し得たのか。

日本とて、これまでずっと安泰だったわけではなく、幾度となく存亡の機に立たされています。

古くは「元寇」。

本当に〝神風〟が吹いたかどうかは別問題としてその撃退に成功したことは事実で、もしこのときその撃退に失敗していたら。

――ひとたび戦わば、その地に一物も残さぬ！

征服した地はペンペン草一本残さず破壊と掠奪《りゃくだつ》の限りを尽くすことが蒙古《モンゴル》人の誇り――という彼らが日本を蹂躙《じゅうりん》していたならば、彼らがロシアやイランで行ったのと同じように、日本は徹底的に破壊されたうえで蒙古《モンゴル》人の植民が行われて混血が進み、現在の日本も日本人も存在しなかったことでしょう。

この危機を乗り越えた日本でしたが、戦国時代に入ると欧州《ヨーロッパ》が、幕末維新には合衆国《アメリカ》が虎視眈々。

さらに、明治期には帝政ロシアが日本を植民地にするべく目の前まで迫り、日本はまたしても存亡の機に陥り、「日露戦争」に至りましたが、この戦争でも奇蹟と偶然とまぐれと幸運と神助と天祐と僥倖《ぎょうこう》が重なって［＊03］、幸いにもこれを撃退することに成功しました。

戦中、あまりの天祐神助の連続に、戦後、佐藤鉄太郎中佐と梨羽時起《なしばときおき》少将が談笑していたときに、こんな会話が交わされたといわれています。

「佐藤。私はあの戦争に勝てたということがいまだに信じられん。我が国は、なぜあのロシアに勝つことができたのじゃろうか。」

佐藤中佐、答えて曰く、「六分どおり、運でしょうな。」

「なるほど、さもありなん。運がよかったな。して？　あとの四分は何と心得る？　儂《わし》が知りたいのはそこじゃ！」

佐藤は答えます。

「残りの四分も運ですな。」

日露戦争を前線で戦い抜いた将校がそんな感慨を持つほどの幸運の連続で掴んだ勝利。

万一これに敗れていたならば、「海蘭泡虐殺事件《ブラゴヴェシチェンスク》［＊04］」よろしく、日本人の無差別殺戮《ジェノサイド》が行われたあとロシア人の植民が行われて、日本は民族ごと亡ぼされていたことでしょう。

［＊03］　どれほどの奇蹟と天祐の連続であったかについては、紙幅の都合によりここでは詳しく触れません。興味のある方は、拙著『世界史劇場 日清・日露戦争はこうして起こった』（ベレ出版）をご参照下さい。

奇蹟、幸運、天祐、僥倖はつづく

ロシアの侵掠《しんりゃく》を首の皮一枚で切り抜けた日本でしたが、まだまだ危機はつづきます。

昭和期に入ると、太平洋戦争に敗れた結果、天皇家は「A級戦犯」の烙印を押されて皆殺しにされ、国土も解体されて「四分割統治［＊05］」される寸前に陥っています。

当時の合衆国《アメリカ》大統領はF・D・ルーズヴェルト《フランクリンデラノ》。

あまり周知されていませんが、彼はすさまじい人種差別主義者《レイシスト》です。

「頭蓋骨の形状からみても、日本人は我々より2000年ほど発達の遅れた劣等民族である。」

「アジア人は劣等民族とはいえ、我々白人と交配すれば将来的には進歩することもあろう。だが日本人だけは例外だ。劣等すぎてたとえ交配してやっても進歩することはあるまい。」

「日本を倒したあとは、あらゆる手段を用いて日本人と他の人種と雑婚させ、日本人を抹殺するべきである！」

――とは彼の言葉です。

そんな人物の下で日本が占領下に置かれていたならば、日本は国家が亡ぼされるばかりか、民族まで抹殺されていたでしょう。

しかし、そうならなかったのは、その推進者たるルーズヴェルト大統領が終戦の直前になって急死してしまったためです。

彼の死は、日本にとっては僥倖《ぎょうこう》でした。

とっくに戦局が絶望的になったにもかかわらず、軍部は「一億玉砕」を叫んで被害を広げたことが、巷間、非難の的にされていますが、もし敗色濃厚になった時点であっさり白旗を振っていたら、ルーズヴェルト存命中に終戦を迎えていたことになります。

そうなれば、日本は間違いなく「分割統治」と「移民《イミグレイト》」と「混血政策」によって亡ぼされていたでしょう。

結果論とはいえ、皮肉なことに軍部の頑迷さのおかげで日本は救われたのです。

［＊04］　１９００年に起こった虐殺事件。清朝が義和団事件に忙殺されているのを好機として、ロシアが清露国境の町ブラゴヴェシチェンスク（海蘭泡）の住民を女・子供関係なく無差別に虐殺した事件。この事件の報を伝え聞いた当時の日本人は「明日は我が身」と震えあがっています。

［＊05］　ドイツは第二次大戦後、米・英・仏・ソの四大国によって分割統治され、その後ながらく東西分裂する不幸な歴史を歩むことになりました。日本の場合、「北海道・東北」をソ連、「関東・北陸・中部」をアメリカ、「四国」を中国、「中国・九州」をイギリスが統治する予定でした。ちなみに「東京」は米英中ソの、「関西」は米中の共同管理。

最後に

日本の「強運ぶり」を示す事例は他にもまだまだありますが、紙幅も尽きかけてきたので本書ではこのへんにしておきましょう。

戦前、日本は「神国日本」などと謳われましたが、その言葉が適切かどうかはさておき、そういう表現がもっともしっくり来ると思えるほど、尋常ならざる〝強運〟の国であったことは間違いありません。

国家でも組織でも個人でも、その時代、その世界《カテゴリ》で「覇を唱える」こと自体は（簡単ではないとは言え）難しいことでもありません。

そんなことなど比較にならないほど難しいのが永く生き残ることです。

中国の諺にもあります。

――創業は易く、守成は難し［＊06］

口を開けば「中国五千年の歴史！」と自讃する中国ですが、その長い歴史の中で、東アジア世界に君臨した覇権国家は多く現れましたが、ついに、わずか３００年つづいた王朝すらひとつたりとも現れませんでした［＊07］。

正史『宋史』には、以下のような逸話が語られています。

宋の2代皇帝趙匡義《ちょうきょうぎ》（太宗）は、あるとき日本のことを伝え聞き、嘆息したと言います。

――日本という島夷《とうい》（東の島の野蛮人）では、王家（天皇家）が万世一系で絶えたことないとな！

これぞまさに王朝の誉れ！　なんとも羨ましい限りじゃ。

それに比べ、我が国はなんとめまぐるしく王朝交代を繰り返してきたことか。

我が王朝も日本にあやかりたいものだ。

中国に限らず、悠久の人類の歴史を紐解いてみても、その時代その時代に覇を唱えた強権国家などはそれこそ星の数ほどありますが、2000年を越えて存続した国家は日本とエチオピアくらい［＊08］で、そのエチオピア王国も今はなく、現在では日本が唯一無二です。

とはいえ。

過去数千年にわたって幸運だからといって、未来も幸運がついて回るとは限りません。

――天は自ら助くる者を助く［＊09］

［＊06］　正史『新唐書』より。唐の2代皇帝太宗とその重鎮、房玄齢・魏徴らの会話から。

［＊07］　秦以降の統一王朝として、300年に迫ったのは、唐の274年（武周を除く）、明の276年、清の268年（入関以前を除く）のみ。あとは、前漢・後漢が200年程度、北宋・南宋が150年程度、それ以外はすべて100年以下です。

［＊08］　日本もエチオピアも2000～2500年ほど存続しましたが、あまりにも古すぎて両国ともにその始まりがはっきりしていません。ただし、エチオピアは1974年のエチオピア革命で亡んでしまいましたので、現存国家としては日本だけということになります。

［＊09］　イギリスの諺。原文では「Heaven helps those who help themselves.」

運がよいからと、これに頼って努力を怠るならば、その者はかならず天によって亡ぼされます。

先の佐藤と梨羽《なしば》の会話にも、じつはつづきがあります。

最初の「六分」もつぎの「四分」もどちらも〝運〟と聞かされた梨羽《なしば》は詰め寄ります。

「待て、佐藤。

それでは全部〝運〟ではないか。」

これに佐藤は閑《しず》かに答えました。

「はい。

されど、最初の〝六分〟は我々の手の届かない、まさに天運。

残りの〝四分〟は、日本人が死ぬような血みどろの努力を重ねてみずから摑み取った運です。」

それを聞き、梨羽《なしば》は「我が意を得たり！」という顔で深く頷《うなづ》いたといいます。

我が国は今、人口減少でさまざまな社会問題に面していますが、日本人なら「移民」などに頼らずとも、この難局を切り抜けることができると信じています。

「移民《いみん》」で読《よ》み解《と》く世界史《せかいし》

発行日　2019年5月20日 初版第1刷発行

著　者　神野正史《じんのまさふみ》

DTP　松井和彌
装　丁　菊池 祐
編　集　北畠夏影　高部哲男

発行人　北畠夏影
発行所　株式会社イースト・プレス
〒101-0051
東京都千代田区神田神保町2-4-7　久月神田ビル
TEL 03-5213-4700
FAX 03-5213-4701
http://www.eastpress.co.jp

印刷・製本　中央精版印刷株式会社

ISBN978-4-7816-1784-8